Giuseppe Tomasi di Lampedusa
Stendhal

SERIE PIPER
Band 878

Zu diesem Buch

Zwischen 1953 und 1955 sprach Tomasi di Lampedusa in seinem »Salon« vor jungen Bewunderern und befreundeten Schriftstellern über europäische Literatur. Von den Vorlesungen über die Klassiker der englischen Literatur wissen wir heute nichts mehr. Das einzig schriftlich erhaltene Dokument sind die *Lezioni su Stendhal*, 1959 erstmals in der Zeitschrift *Paragone* abgedruckt und dann 1977 von Sellerio neu publiziert.

Lampedusa hat diese Vorlesungen schon nicht mehr öffentlich im Freundeskreis vorgetragen, sondern sie dem Schriftsteller Francesco Orlando zur Lektüre überlassen.

Die *Lezioni* sind keine wissenschaftliche, sondern eine sehr persönliche Äußerung zum Werk und zur Persönlichkeit Stendhals. Indem und wie Lampedusa über Stendhal spricht, schreibt er immer auch ein Stück Autobiographie. Die Vorlesungen handeln von aristokratischer Nonchalance der Lebensform, der Suche nach dem Glück, einer möglichen Poetik des Romans. Lampedusas Reflexionen über die Rolle der Zeit und des Erzählens in Stendhals Romanen *La Chartreuse de Parme* und *Le Rouge et le Noir*, über das Verhältnis von Fiktion und Wirklichkeit, gewähren einen einzigartigen Einblick in seine Romanwerkstatt und zeigen die Entstehung des *Leoparden* in einem ganz neuen Licht.

Giuseppe Tomasi, Herzog von Palma und Fürst von Lampedusa, geboren 1896 in Palermo, gestorben 1957 in Rom. Bis 1925 Offizier in der italienischen Armee; unternahm während der faschistischen Ära längere Auslandsreisen. Schrieb 1954 innerhalb weniger Monate seinen ersten und einzigen Roman. *Der Leopard*, ein Jahr nach seinem Tod publiziert, wurde binnen kurzem ein Welterfolg.

Giuseppe Tomasi di Lampedusa

STENDHAL

Reflexionen eines Bewunderers

Mit einer Einleitung
von Gesualdo Bufalino

Aus dem Italienischen
von Helene Harth

Piper
München Zürich

Die Originalausgabe erschien 1977 unter dem Titel »Lezioni su Stendhal« bei Sellerio, Palermo. Erstmals publiziert wurde der Text 1959 in der Zeitschrift *Paragone*.

Von Giuseppe Tomasi di Lampedusa liegen in der Serie Piper außerdem vor:
Der Leopard (320)
Die Sirene (422)

ISBN 3-492-10878-4
Deutsche Erstausgabe
März 1990
© Sellerio Editore, Palermo 1977
Deutsche Ausgabe:
© R. Piper GmbH & Co. KG, München 1990
Umschlag: Federico Luci,
unter Verwendung des Stendhal-Porträts
nach einem Gemälde von Södermark
© Bilderdienst Süddeutscher Verlag
Gesamtherstellung: Clausen & Bosse, Leck
Printed in Germany

Inhalt

Einleitung

Die Heere der Schriftsteller und Kritiker stehen sich bekanntlich in feindlichen Reihen gegenüber, die aber so benachbart sind, daß sich auf der einen wie auf der anderen Seite Fahnenfluchten, Frontwechsel und Überläufertum nicht vermeiden lassen. Nicht selten geschieht es, daß ein Kritiker sich von den Verlockungen der Phantasie in Versuchung führen läßt, und noch häufiger kommt es vor, daß der Schriftsteller ins Gewand des Rezensenten oder des Essayschreibers schlüpft und dabei zu Ergebnissen gelangt, die zwar exzentrisch, gerade deshalb aber auch freier und neuartiger sind.

In Wahrheit ist der professionelle Kritiker meist gezwungen, sich auf einem neutralen Feld des intellektuellen Kampfes zu bewegen, wie ein Arzt, der sich mit den Symptomen seiner Patienten herumschlägt, oder wie ein Detektiv, der die Alibis der Verdächtigen überprüft. Seine einzigen Waffen sind zwei neugierige Augen und ein einfühlsamer, mit logischem Scharfsinn und philologischer Strenge begabter Geist – Waffen, die freilich nicht immer ausreichen, um den Widerstand zu brechen, den ihm, auf dem Seziertisch still vor sich hin blutend, jenes sperrige Corpus delicti entgegensetzt, das man Kunstwerk nennt. In der Auseinandersetzung mit ihm oder, besser gesagt, indem er ihm inquisitorisch zu Leibe rückt, wird er dank eines im Laufe der Jahrhunderte ständig gewachsenen Scharfblickes die üblichen entscheidenden Phasen durchlaufen: die der Glosse, der Auslegung, des Urteils, worauf dann die Schlußfolgerungen, ungewiß bis in alle Ewigkeit, bereitliegen, um ins goldene Buch der Literaturgeschichte eingeschrieben zu werden.

Andere, weniger puristische, dafür aber reichere Perspektiven eröffnen sich dem Schriftsteller, der über einen Kollegen schreibt. Hier kommen dann so manch giftige und fiebrige Stimmungen und Gefühle ins Spiel. Denn ein Romancier, ein Dichter oder ein Bühnenautor, der sich berufen fühlt, über einen anderen Romancier, Dichter oder Bühnenautor zu schreiben, ist weit davon entfernt, wie ein unvoreingenommener Richter in vollem Ornat auf dem Richterstuhl zu Gericht zu sitzen. Er wird sich eilends mit dem Angeklagten zusammen in die Zelle schließen, sich in ihn hineinversetzen, liebevoll mit ihm ringen und sich dabei zugleich als Feind und Komplize, als Meister und Schüler, als Sklave und als Beherrscher fühlen. Kurz, jeder Künstler verfolgt in den Texten eines anderen vor allem sich selbst, er sucht Bestätigungen und Dementis für oder gegen die eigene Person. Seine Beziehung zu dem untersuchten Autor kompliziert sich durch schmerzliche, eifersüchtige Obsessionen: Bald gibt er ihm den Judaskuß, bald betastet er seine Wunden mit den ungläubigen Fingern des Hl. Thomas.

Doch wenn dies zutrifft, welcher der beiden Spielarten von Kritik sind dann allem Anschein nach die *Vorle-*

sungen über Stendhal von Tomasi di Lampedusa zuzuordnen, der Kritiker-Kritik oder der Schriftsteller-Kritik? Der zweiten, möchte man natürlich meinen. Und doch müßte die Antwort korrekter wohl lauten: keiner von beiden. Denn als Tomasi di Lampedusa 1955 über Stendhal zu schreiben beginnt, ist er in der Tat weder Erzähler noch Kritiker. Ein Erzähler ist er *noch* nicht, allenfalls in nuce und im Verborgenen, und noch weniger ist er ein Kritiker, das heißt er hält sich nicht für einen solchen und erhebt keinen Anspruch darauf, Kritiker zu sein. Er ist nichts weiter als ein palermitanischer Aristokrat, der aus dem Krieg mit einer geschichtlichen Enttäuschung und dem unglücklichen Bewußtsein von der Hinfälligkeit der Zeit hervorgegangen ist. Er ist ein Mensch, dem diese Hinfälligkeit sichtbar vor Augen geführt wurde, als eine Bombe den Palazzo der Familie und mit ihm alle Bücher und teuren Erinnerungsstücke dem Erdboden gleichmachte; ein Aristokrat, der vom Paradies der Literatur Ersatz für all diese verlorenen Güter verlangt und der sich, wenn auch nur als einfacher Liebhaber, vor einem kleinen Publikum hochintelligenter junger Freunde (Francesco Orlando, Gioacchino Lanza di Frabia…) um die Verbreitung dieser Literatur bemüht.

Es ist Tomasi di Lampedusa ein Vergnügen, mit ihnen liebenswürdig über Byron und Joyce zu plaudern, über Montaigne und Mérimée. In diesem Kreise nehmen, neben anderen kleineren kritischen Arbeiten zu den verschiedensten Themen, die *Vorlesungen über Stendhal* Gestalt an, welche aufgrund ihres gänzlichen Mangels an Fleiß und gelehrter Akribie vom Charakter einer akademischen Abhandlung denkbar weit entfernt sind.

Es handelt sich um Gelegenheitsnotizen, die zu keiner Zeit für den Druck bestimmt, sondern als einfaches Hilfsmittel für den belehrenden mündlichen Vortrag gedacht waren. Erst mit dem Tode des Autors und seinem postumen Ruhm kamen sie ans Licht, dank einer Gepflogenheit, die als willkürlich angesehen werden könnte, wäre es heutzutage nicht durchaus üblich, selbst noch die entlegensten Archive eines ausgezeichneten Schriftstellers zu durchwühlen. Alles in allem also ein Material, das geeignet erscheint, uns Lampedusas Vorlieben zu offenbaren, seine geistige Beweglichkeit, sein aristokratisches Europäertum, seine brillante Fähigkeit, zusammenzufassen und zu deuten, ganz zu schweigen von den Spuren eines Temperaments, einer Methode, von Ansätzen zu einer Philosophie und Poetik, welche jedem Historiker und Liebhaber kostbar erscheinen müssen, der im *Leopard* einen der bedeutsamsten Höhepunkte der Literatur der zweiten Hälfte des zwanzigsten Jahrhunderts erblickt und der daher seiner versunkenen Vorgeschichte und dem Geheimnis seiner Entstehung nachspürt, wo immer sie zu finden sein mögen.

Ein Büchlein dieser Art läßt uns als Leser zwischen strengem Scharfblick und kurzsichtiger Nachgiebigkeit schwanken. Dabei wäre es gerechter, von ihm nicht zu verlangen, daß es mehr ist als es sein will: ein Exerzitium kultivierter Unterhaltung, auf sympathische Weise überflüssig, ein Zusammenschnitt von Notizen, gedacht als Kolleghft einer peripatetischen Volkshochschule, zu keinem anderen Zwecke gut als dazu, in dem einen oder anderen empfänglichen Geist ein Betroffensein durch Schönheit zu wecken.

Daraus erklärt sich auch so manche Ungereimtheit des kleinen Bandes. Ein Lateinfehler zum Beispiel, wie jenes »laeviis« auf S. 87, verdient, falls er nicht auf eine falsche Transkription des handschriftlichen Manuskriptes zurückgeht, allenfalls ein verzeihendes Lächeln. Nicht minder verzeihlich sind die zahlreichen Entlehnungen aus einem Werk, das wenige Jahre vorher erschienen war, Jean Prévost' *La création chez Stendhal*, ein Buch, das von Anfang an die Rolle eines privilegierten Gesprächspartners spielt und für Lampedusa sehr bald zur primären Inspirationsquelle wird, mit der gleichen Nonchalance wie bei Stendhal selbst, wenn er die obskuren Biographien von Musikern und Malern plündert. Dabei unterlaufen gelegentlich weitere Versehen, wie auf S. 42, wo Lampedusa einen kursiv gedruckten Satz des französischen Kritikers (»...c'est parce que Racine est vrai...«) mit einem Stendhalzitat verwechselt und daran unhaltbare Schlußfolgerungen knüpft; Kleinigkeiten, die kein Richter ihm zur Last legen wird. Denn wir blättern im vorliegenden Falle nicht in einer wohldurchdachten Monographie, sondern in einem zufälligen Sammelsurium von Aufzeichnungen, in dem sich freilich für den Kenner künftiger Entwicklungen unschwer die Zeichen des kommenden Romanciers und seines Romans aufspüren lassen.

Und in der Tat, nur eine winzige Zeitspanne wird noch verstreichen (ein paar Monate oder Wochen) und wir finden Lampedusa bei der Arbeit, an einem Tisch des Café Caflish, den Federhalter in der Hand und die unvermeidliche Zigarette zwischen den Lippen: Der *Leopard* ist im Entstehen. Unerläßlich also die Frage, ob und inwieweit die Aufmerksamkeit, die der

11

Sizilianer eben noch dem Franzosen gewidmet hatte, und die gerade beendete Wiederlektüre von dessen Gesammelten Werken zur Konzeption des Meisterwerkes beigetragen haben. Man kann nicht umhin, sich zu fragen, ob sich in der Gestalt des Fürsten Salina nicht das Bild eines überlebenden und gealterten Fabrice del Dongo fortsetzt.

Philippe Renard hat in seiner Einleitung zur italienischen Ausgabe der *Vorlesungen über Stendhal* bereits ein Verzeichnis aller Nicht-Übereinstimmungen zwischen Stendhal und Lampedusa aufgestellt. Lückenhafter – aber wir werden uns sogleich bemühen, sie zu ergänzen – ist die Liste der Übereinstimmungen.

Beginnen wir mit Stendhals Vorliebe für Masken und Pseudonyme, die Gérard Genette scharfsinnig analysiert hat und die wohl nicht allzuweit entfernt ist von Lampedusas Reserviertheit, seiner Vorliebe für das in der Schublade verborgene Werk, die einem archaischen Gesetz der omertà* zu gehorchen scheint. Und weiter: Wecken Stendhals Verachtung für seine eigenen Landsleute, sein besessener Wunsch, nicht zu ihnen zu gehören, seine Mailandbegeisterung, nicht umgekehrt die Erinnerung an die Anglo- und Frankophilie des palermitanischen Fürsten, die stärker waren als die Bindung an das Land seiner Geburt? Schließlich: Stimmen die Qualitäten, die Lampedusa dem Werk Stendhals zuerkennt, seine »Vieldeutigkeit«, sein Polyper-

---

* Der Begriff *omertà* – von »omu« (Mann) – bezeichnet eigentlich die mafiose Schweigepflicht. Indem der Mafioso andere zum Schweigen zwingt, stellt er seine Macht und männliche Würde unter Beweis.

spektivismus, die Nüchternheit des Ausdrucks oder die Neigung zu Verknappungen und Aussparungen, die Kraft der psychologischen Introspektion und der unbestimmte Moralismus nicht mit Eindrücken überein, die jeder Leser des *Leopard* gleich bei der ersten Lektüre am Rande des Buches vermerken wird? Was Lampedusa bei Stendhal findet, »die Beweggründe und Antriebe der Epoche, die Widerstände, die Verwirrungen, das Knirschen im Getriebe, das Gefühl des Aufbruchs, die ›couleur du temps‹ dieses lebendigen Wendepunktes der französischen Geschichte«, alles das fände Stendhal, wenn man nur an die Stelle der französischen die sizilianische und italienische Geschichte setzte, auch bei ihm, sofern es ihm vergönnt wäre, Lampedusas Werk in den elysischen Gefilden zu lesen.

Beziehungen gibt es also genug. Und zugleich steht fest, daß Lampedusa Stendhal durch eine proustsche Brille liest. Wir haben gerade eine Wendung zitiert: »la couleur du temps«, die das geschichtliche Kolorit meint, zugleich aber auch die Farbe der »verlorenen Zeit«, wie der Erwachsene sie aus der Erinnerung an seine Kindheit wiederzubeleben vermag (man lese dazu Lampedusas Text *Die Orte meiner Kindheit*). Weiter vorne, auf S. 24, begegnen wir einem anderen Thema, dem der »Erwartung«, das heißt der Erwartung und dem Begehren als den geheimen Quellen und dem Wesen jedes möglichen Glücks, also wiederum einem verborgenen Grundthema des Werkes von Proust. Das bedeutet aber nichts anderes, als daß Lampedusa (man sehe sich daraufhin auch die Baudelairezitate auf S. 85 und 90 sowie die Mallarmézitate auf S. 52 und 84 an) über die Melodie des Lebens die gedämpften Töne der Erinnerung und des Todes nicht vergißt; während er Stendhal liest, leiht er ihnen sein Ohr. Stets geht bei ihm Licht (luce) mit Trauer und Verdunklung (lutto) zusammen, zwei Wörter, die in Sizilien fast gleich klingen und die daher die Vermutung nahelegen, sie seien identisch; so wie auf der Uhr, von der Lampedusa an einer Stelle (S. 30) spricht, die Zwölf die Stunde der vollsten Sonne und der schwärzesten Nacht markiert – er aber schreibt aufgrund eines tiefgründigen Lapsus nicht »Nacht« sondern »Tod«. So liefert uns Lampedusas Darstellung, die ursprünglich – das sei noch einmal unterstrichen – von rein didaktischen Absichten bestimmt war, bruchstückhaft und blitzartig ein Porträt Stendhals (und insgeheim auch seiner eigenen Person), das kaum Abstriche oder Ergänzungen erlaubt. Doch damit sind die Qualitäten des Büchleins noch nicht erschöpft. Zu rühmen wäre an ihm außerdem, daß es die komplexesten Themen der zeitgenössischen Literaturkritik in seiner Analyse überraschend vorwegnimmt: die Maschinerie der Erzählstrukturen, die Beziehung zwischen dem Erzähler-Ich und dem Leser, die Modalitäten des Stils, ein Feld, das heute so tiefgründig von Semiologen und Strukturalisten beackert wird.

Hervorzuheben wären schließlich auch noch die knappen, aber inhaltsreichen Beobachtungen, in denen Lampedusa im Hinblick auf die Zeitstruktur des Romans Tolstois Verzögerungstechnik in *Krieg und Frieden* mit Stendhals Eiltempo in *Rot und Schwarz* vergleicht, oder die Bemerkungen über die Allwissenheit des Erzählers und seine spätere Krise im zwanzigsten Jahrhundert. Dies mag seine Fähigkeiten bezeugen, in der Luft liegende Zukunftsentwicklungen zu wittern

14

und sie aufzugreifen, wenn wir auch letzten Endes dann doch lieber bei Augenblicken eines privaten Sichgehen-lassens, bei gewissen Geständnissen verweilen, die ihm im Schreiben gleichsam wie im Gespräch von den Lippen fließen. So etwa auf S. 81 die Erwähnung jenes »Beispiels aus einem Bereich, der Euch am Herzen liegt«, bezogen auf Rossinis Sinfonie *Wilhelm Tell*, eine Anspielung, die man nur versteht, wenn man weiß, wie musikliebend seine jugendlichen Gesprächspartner waren. Dazu ge-hören auch die Ausblicke auf sein eigenes Leben und auf seine eigene Erfahrung, wie zum Beispiel auf S. 73 und S. 74 f., wo er über die Allgegenwart des Teufels scherzt oder über das häufige Auftreten von Typen wie Fabrice in der Wirklichkeit. Wie sehr lassen solche Ausblicke uns bedauern, daß Tagebücher oder Korrespondenzen, die uns Einblick in das Privatleben des Verfassers des *Leo-pard* vermitteln könnten, nicht überliefert sind.

Was bleibt darüber hinaus noch anzumerken? Auf der vorletzten Seite der *Vorlesungen* versichert uns Lampe-dusa, in einem Satz aus dem *Henri Brulard* offenbare sich der ganze Stendhal, und er zitiert diesen Satz in sei-ner ganzen abstrusen Vielsprachigkeit: »Toute ma vie ho voluto la stessa cosa: to make un chef d'oeuvre.« Man darf wohl mit gutem Recht vermuten, daß Lampe-dusa, als er diesen Satz abschrieb, an seinen eigenen, ähnlichen, lebenslang gehegten Traum dachte, ein Mei-sterwerk zu schreiben. Wir wissen heute, was er nicht wußte, daß dieser Traum in Erfüllung gehen sollte.

Gesualdo Bufalino

15

Vorlesungen über Stendhal

Die Werke

Alle Werke Stendhals sind außerordentlich interessant und erstklassig. Auch die weniger bedeutenden tragen den Stempel seiner höchst originellen Persönlichkeit, die machtvoll noch die abgestandensten und auf den ersten Blick unfruchtbarsten Entwürfe durchdringt. Die *Promenades dans Rome* zum Beispiel sind der einzige »Reiseführer« im Rang eines literarischen Meisterwerks und *De l'Amour* enthüllt bei der Lektüre eine hohe literarische Qualität, die das Buch weit über jene Ansammlung von Anekdoten und Reflexionen über die Liebe erhebt, als die es gedacht war, weit auch über die zahllosen »Physiologien«, die in der damaligen Zeit den Buchmarkt überschwemmten und deren Schalheit sich selbst der geniale Balzac nicht hinreichend zu widersetzen wußte.

Was ich über diese beiden Werke gesagt habe, gilt ebenso für die übrigen, nicht eigens erwähnten Nebenarbeiten, die alle eine sehr persönliche Note aufweisen und menschlich wie literarisch kostbar sind.

Die beiden Meisterwerke Stendhals zeichnen sich jedoch noch durch eine andere Eigenheit aus: ihren Polyperspektivismus, das heißt, durch die Möglichkeit, sie unter verschiedenen Gesichtspunkten zu betrachten; er ist das Charakteristikum absolut erstrangiger literarischer Meisterwerke, die stets so angelegt sind, daß sie uns je nach dem Standpunkt des Beobachters langfristig wechselnde geistige Perspektiven eröffnen.

Man kann *Le Rouge et le Noir* und die *Chartreuse* als historische Romane betrachten. Ich meine damit natürlich als Romane, die für uns historisch geworden sind, das heißt als vollkommene Objektivierungen einer Epoche, die für den Autor die seiner eigenen Zeit war, für uns aber in solche Ferne gerückt ist, daß wir sie nur noch mit Hilfe der Kunst wahrzunehmen vermögen.

An Balzacs Bedeutung ist nicht zu rütteln. Doch seine zwei Dutzend Romane, in denen er die gesellschaftliche Atmosphäre der Restaurationszeit wiederzubeleben sucht, reichen bei weitem nicht heran an die offensichtliche Beschwörungskraft der 500 Seiten von *Le Rouge et le Noir* (wie übrigens auch von *Armance* und *Lamiel*). In ihnen findet sich alles: die Beweggründe und Antriebe der Epoche, die Widerstände, der kulturelle Reichtum, die Verwirrungen, das Knirschen im Getriebe, das Gefühl des Aufbruchs, die »couleur de temps« dieses lebendigen Wendepunktes der französischen Geschichte. Andere Werke und Memoiren der gleichen Zeit bestätigen allenfalls (aber wie farblos!) Stendhals wunderbares Einfühlungsvermögen.

Das gleiche Einfühlungsvermögen finden wir auch in der *Chartreuse*, die die Zeit vor dem italienischen Risorgimento mit sanfter Ironie beschwört. Die *Chartreuse* bleibt neben der Korrespondenz Byrons und einigen glücklichen Glanzstellen in den Romanen Madame de Staëls das wichtigste Dokument dieser entscheidenden, ästhetisch gesehen unbekannten Epoche. Der Mangel an menschlichen Zeugnissen ist verblüffend.

Soweit die uns hinterlassenen Fragmente einen solchen Schluß zulassen, hätte der *Leuwen* eine ähnlich wertvolle Vergegenwärtigung der ersten Regierungsjahre von Louis Philippe enthalten. Und *Lamiel* beschwört mit durchdringendem Scharfblick noch einmal einige Aspekte der Restaurationszeit (Während ich dies schreibe, wird mir übrigens klar, daß in den *Promenades dans Rome* und in *Rome, Naples et Florence* das päpstliche Rom der Jahre 1820–1830 so kraftvoll wie sonst nur bei Belli geschildert wird, so daß im Vergleich dazu die Werke der diversen About, Veuillot und Barante zu eben den blassen Schemen zusammenschrumpfen, die sie in Wirklichkeit auch sind.).

Soviel zum objektiven Erscheinungsbild der beiden Werke. Treten wir nun einige Schritte zurück, und die beiden Monumente werden sich uns sogleich unter einem gänzlich anderen Blickwinkel zeigen, nämlich unter einem lyrischen Aspekt.

Und man denke nicht, das Attribut »lyrisch« sei für den trockenen, dem 18. Jahrhundert nahestehenden Autor nicht angemessen.

In Julien Sorel hat Stendhal sich selbst porträtiert, so wie er wirklich war, mit allen seinen ehrgeizigen Wünschen. Mit Fabrice del Dongo dagegen ließ er eine Gestalt wirklich und lebendig werden, die er selbst sein wollte, den reichen, geliebten Aristokraten, der er gerade nicht war. Er rief ihn ins Leben und sperrte ihn ins Gefängnis, ein bewegender Ausdruck für die Klarheit seiner eigenen Intuition.

In beiden Figuren pulst unablässig Stendhals Lebendigkeit, seine unerschöpfliche Neugierde, seine Lust am Leben, die aus einer ständigen Suche erwächst. »Wenn das Leben keine Suche mehr wäre, wäre es nichts.« Dieser Satz aus der *Correspondance* wird beispielhaft durch die radikal verknappten Schlüsse der beiden Romane bestätigt, in denen der Autor ohne jedes Bedauern seine beiden Protagonisten »ausmerzt«, weil sie ihn nicht mehr interessieren und weil sie in Wahrheit auch nicht mehr existieren, nachdem sie in der Eroberung von Marguerite bzw. von Clelia »gefunden« und damit ihre Suche beendet haben.

»Wer immer strebend sich bemüht…«, Goethes berühmte Verse sind gleichzeitig mit *Le Rouge et le Noir* entstanden. Der Weise von Weimar und der Verrückte von Civitavecchia hatten übrigens in ihrer Weltanschauung vieles gemeinsam.

Doch umkreisen wir weiter die beiden Gebäude, und wir werden bald eine neue Fassade entdecken, die vom Psychologen mit einem feinen Stichel bearbeitet wird. Die Absicht, sich selbst darzustellen oder eine Gegenfigur zur eigenen Person, ist nicht sonderlich schwierig. Weit weniger leicht ist es dagegen, diese Absicht auch vollkommen zu verwirklichen, die geheimsten Winkel des eigenen Inneren bloßzulegen, die eigenen Widersprüche zu offenbaren und die zahlreichen Nuancen zu erfassen, in denen sich eine Persönlichkeit ausdrückt, die eigenen Vorzüge ohne Überheblichkeit und die eigenen Fehler ohne Scham zur Darstellung zu bringen. Stendhal ist dies mit unfehlbarer Meisterschaft gelungen.

Aber die Welt besteht nicht nur aus dem Schriftsteller, es gibt auch noch die anderen. Und auch diese *ande-*

ren sind ihrerseits in sich homogene, wenn auch aus Widersprüchen zusammengesetzte Welten, ohne deren Darstellung der Roman nicht bestehen kann. Madame de Rênal und die Sanseverina, diese beiden Verkörperungen der von Stendhal stets ersehnten mütterlichen Liebe, sind in ihrer ästhetischen Vollkommenheit gewiß nicht geringer zu achten als Julien oder Fabrice. Sie überdauern als die vollendetsten Frauengestalten der französischen Literatur, größer noch als Racines Heldinnen, denen sie an Willenskraft ebenbürtig, in ihrer Sanftmut jedoch überlegen sind.

Als nicht weniger liebevoll erweisen sich die Zwillingsgestalten Monsieur de Rênal und Graf Mosca – Zwillinge ihrer ursprünglichen Herkunft nach, die aber aufgrund ihrer sozialen Stellung und ihres Milieus in ihrer Entwicklung stark auseinanderstreben. Und wer könnte dem absurden und faszinierenden Ferrante Palla, dem hölzernen General Fabio Conti, den hunderten von Priestern und kleinen Verschwörern seine Zuneigung verweigern, die sich um Julien herum gruppieren und von denen jeder einzelne durch ausgeprägte individuelle Züge dem Leser nahegebracht wird.

Dieser Aspekt der psychologischen Analyse springt dem Leser als erstes in die Augen, noch bevor er die anderen, weniger vertrauten wahrzunehmen vermag. Stendhal verdankt sein ungeheures Ansehen der Tatsache, daß er ein Romanpsychologe von größtem Format ist. Und er ist es wirklich. Daß er auch ein großer Lyriker, ein großer Beobachter geschichtlicher Konstellationen, ein großer »Moralist« ist, dürfte weniger allgemein bekannt sein.

Eine weitere Seite des Gesamtgebäudes bildet die moralische Doktrin, die aus diesen beiden Romanen spricht. Was sich ihnen entnehmen läßt, ist eine Art epikureische Moral, die den Schwerpunkt eher auf die geistige als auf die körperliche Lust legt. Hält man sich dies vor Augen, so erscheint es einleuchtend, daß die Befriedigung eher in der Suche als im Besitz liegt. Ganz und gar Agnostiker, suchte Stendhal nicht den physischen Genuß, sondern seine »Erwartung« (»Das größte Vergnügen der Oper liegt für mich in den Geigenklängen bevor der Vorhang sich hebt, in der Atmosphäre freudiger Erwartung, die den erleuchteten, mit hübschen Frauen geschmückten Saal erfüllt.«). Eine Form der Befriedigung, die vermutlich mit physiologischen Eigenheiten Stendhals zusammenhing, welche ihn in das berüchtigte Verhältnis zu Angela Pietragrua führten und zugleich in die Nähe von Proust rücken.

Diese Suche nach dem Vergnügen, der Kern von Stendhals vitaler Energie, richtet sich in anderen Fällen auf sehr normale und auch bescheidene Ziele. Man lese nur die Seiten, wo er seine »größten Wünsche« zum Ausdruck bringt, und man wird beim Aufschlagen des Buches feststellen, wie zutiefst anti-romantisch unser Autor war. In den gleichen Jahren, in denen Dumas seine größenwahnsinnigen Träume von Reichtum und finsterer Macht in die Figur des Montecristo »hineinstopfte« (von »Inkarnation« kann man hier schon nicht mehr sprechen), in den gleichen Jahren, in denen Balzac mit weit überlegener Kraft die Kampfansage des armen Teufels Rastignac an Paris beschwor und in denen ein ganzer Schwarm von kleinen Poeten und Dichterlingen von der Weltherrschaft oder zumindest der Herrschaft in Frankreich träumte, nur weil sie sich um die Entdekkung neuer Zäsuren für den Alexandriner verdient gemacht hatten, gab sich Stendhal mit überaus bescheidenen Wünschen zufrieden. Es lohnt sich, diese Schlüsselstelle zu lesen, die außer in Spezialistenkreisen nur wenig bekannt ist. Ich zitiere daraus nur die typischsten Passagen:

»Gott möge mir folgendes Privileg erteilen:

1. Niemals ernsthafte Schmerzen, bis ins fortgeschrittene Alter. Dann keine Schmerzen, sondern Tod durch Schlaganfall, im Bett, im Schlaf. Jedes Jahr nicht mehr als drei Tage Unwohlsein. Der Körper und seine Ausscheidungen geruchsfrei.

2. Schöne Haare, schöne Haut, ausgezeichnete, niemals abgeschürfte Finger, ein milder und leichter Duft. Am ersten Februar und am ersten Juni jedes Jahres sollen die Kleider des Inhabers dieses Privilegs so sein, als hätte er sie nur dreimal getragen.

3. Er spielt vollkommen Whist, Ekarté, Billard, Schach, gewinnt jedoch nie mehr als zwanzig Francs.

4. Täglich um zwei Uhr morgens findet der Inhaber dieses Privilegs einen Louisdor in seiner Tasche. Mörder werden in dem Augenblick, in dem sie die Hand gegen ihn erheben oder ihm Gift reichen, von einer einwöchigen Choleraattacke befallen. Diebe werden mit einem zweitägigen Anfall bestraft.

5. Nimmt der Inhaber dieses Privilegs einen Ring in die Hand und sagt: ›Ich wünsche die Vernichtung alles schädlichen Ungeziefers‹, so werden alle Insekten im Umkreis von sechs Metern Entfernung tot umfallen. Bei diesem Ungeziefer handelt es sich um Flöhe, Wanzen, Läuse, Filzläuse, Stechmücken, Fliegen. Und außerdem Ratten.

6. Wo immer der mit diesem Privileg Versehene sagt: ›Ich bitte um Nahrung‹, wird er zwei Pfund Brot, ein gut durchgebratenes Steak und einen Teller Spinat, ein Stück Obst und eine halbe Tasse Kaffee vorfinden.

7. Sobald der Inhaber dieses Privilegs einen Ring am Finger trägt, wird die Dame, die bereits in ihn verliebt ist, ihre törichte Zurückhaltung aufgeben.

8. Zehnmal jährlich wird er, sofern er es wünscht, den Schmerz eines Wesens, dem er begegnet, um drei Viertel verringern können. Wenn dieses Wesen im Sterben liegt, wird es ihm möglich sein, sein Leben um 10 Tage zu verlängern und zugleich den gegenwärtigen Schmerz um drei Viertel zu reduzieren. Er vermag für dieses leidende Wesen auch den sofortigen, schmerzlosen Tod zu erwirken.

9. Er ist imstande, einen Hund in eine schöne oder häßliche Frau zu verwandeln, diese Frau wird ihm den Arm reichen und den Esprit von Madame Ancilla und das Herz von Melanie besitzen. Dieses Wunder kann sich zwölfmal jährlich wiederholen.«

Und an einer Stelle des *Henri Brulard* teilt er uns mit: »Dem Spinat und Saint-Simon galt meine einzige dauerhafte Vorliebe, neben dem Wunsch, immer in Paris zu leben mit hundert Louisdor in der Tasche und Bücher schreibend.« Man kann nicht umhin zu bemerken, wie außerordentlich bescheiden und delikat diese an Gott gerichtete Bitte sich ausnimmt.

Zurückhaltung also bei rein epikureischen Wünschen und folglich ein klassischer Geschmack, der aber nicht aus einer Geringschätzung der eigenen Person entspringt, denn Stendhal war sich seines eigenen Wertes sehr wohl bewußt, und in seinen Aufzeichnungen finden sich häufig exakte Voraussagen des Zeitpunktes, an dem sein Ruhm einen Höhepunkt erreicht haben würde (1885–1937).

Am Rande sei noch vermerkt, daß die bei den Klassikern so häufig anzutreffende Selbstvergottung des Schriftstellers, für die Horaz, Vergil, Dante, Petrarca, Shakespeare, Ronsard und Corneille berühmte Beispiele liefern, den Romantikern unbekannt ist; bar jeder Bescheidenheit spürten sie doch insgeheim, daß sie arme Teufel waren, deren Wunsch nach Verwirklichung im Leben zu lebhaft war, um den Gedanken an die Ewigkeit aufkommen zu lassen. Ein romantisches »exegi monumentum« gibt es offenbar nicht. Großartigen Ausdruck fand es allerdings bei Puschkin und Baudelaire, die beide ihren ursprünglichen Romantizismus hinter sich gelassen haben.

Eine Suche erfordert Anstrengung, und jede Anstrengung ist unmöglich ohne Energie. Stendhals hedonistische Moral verlangt nach einem Kult der Energie. In diesem unzufriedenen und bedürftigen Konsul nistet ein Vorläufer Nietzsches. Er bewundert die Ausnahmegestalten der Renaissance, verachtet die eitlen Franzosen und widmet Italien einen Kult, da er im italienischen Volk eine unablässige Suche nach dem Vergnügen beobachtet und dazu den nötigen Vorrat an Energie, der eine solche Suche ermöglicht. Er bemerkt zwar die Fehler dieses Landes und die aus ihnen erwachsenden Gefahren (»In Italien wird es eine Literatur erst geben nach der Einführung des Zweikammersystems, bis dahin wird alles, was man dort macht, Pseudokultur bleiben, Akademieliteratur... Die Unwissenheit, die Trägheit und die Genußsucht sind unter den jungen Italienern so groß, daß es noch mehr als ein Jahrhundert dauern wird, bis Italien auf der Höhe des Zweikammersystems ist. Napoleon führte das Land in diese Richtung, vielleicht ohne es zu wissen.«), und doch spricht aus jeder Seite seines Werkes eine zärtliche Neigung für die Geschichte, die Kunst und insbesondere die Lebensart der Italiener. Die *Mémoires d'un touriste* sind voll galliger – übrigens bewundernswert erzählter – Anekdoten, aus denen fast ausnahmslos Abneigung gegen die Franzosen spricht. Dagegen stellen seine italienischen Reisebücher und die *Chartreuse* die italienischen Sitten durchweg mit Sympathie dar.

Bleibt noch ein anderer Aspekt des Gesamtgebäudes zu betrachten: der Stil. Er eröffnet keine neue Perspektive, sondern ist eine Art Mörtel, der die verschiedenen Bausteine miteinander verbindet und die Haltbarkeit des Monumentes garantiert.

Es gibt zahllose Überlegungen zum Stil Stendhals. Zwei Deutungsrichtungen haben sich bis heute gehalten, die älteste und die jüngste. Die älteste geht auf eine Äußerung von Stendhal selbst zurück, der gesagt hat: »Mein Stilideal ist das des Code Civil.« In seinen Briefen und Tagebüchern stößt man häufig auf den Ausdruck seiner Verachtung »für die Phrasen« und seine Geringschätzung der Dichter, selbst der allerberühmtesten.

Bar jeder Schminke, dem »gewählten Wort« abhold, dem gesuchten Rhythmus feindlich, mit Adjektiven geizend, ist Stendhals Stil derjenige der Prosa des 18. Jahrhunderts, mit dem einen Unterschied freilich, daß z. B. Voltaire nur Reflexionen wiedergeben wollte, während Stendhal mit ähnlich sparsam verwendeten Ausdrucksmitteln dem Leser Gefühle zu übermitteln sucht. Seine geniale Fähigkeit zu vereinfachen, Überflüssiges auszumerzen, »beim Thema« zu bleiben, grenzt ans Wunderbare. Ein Beispiel ist allgemein bekannt. Als es Fabrice nach zahllosen Versuchen endlich gelingt, in Clelias Zimmer einzudringen, werden die Folgen seines Sieges in fünf Worten zusammengefaßt: »Er stieß auf keinerlei Widerstand.« Eine wundervolle Nüchternheit, die höchste künstlerische Wirkung zeitigt. Man stelle sich vor, welche Fülle von Adjektiven Hugo aufgeboten hätte. Dieser Satz Stendhals wird nur noch durch Manzonis Ausspruch über Geltrude übertroffen. Aber das ist noch nicht alles. Stendhal hat es fertiggebracht, eine Liebesnacht in einem Semikolon zusammenzufassen: »Juliens Mannestugend kam seinem Glücke gleich; ich muß auf der Leiter wieder hinuntersteigen, sagte er zu Mathilde, als er die Morgendämmerung... heraufziehen sah.«

Freilich kommt in solchen Fällen der ästhetischen Bemühung des Schriftstellers um Knappheit die Gleichgültigkeit zur Hilfe, die er hinsichtlich seiner Figuren gegenüber dem »Ausgang der Sache« empfindet. Sind sie erst einmal in das Zimmer Mathildes oder Clelias vorgedrungen (mit allem, was diese Zimmer über die Liebe hinaus bedeuten), sind Julien und Fabrice für Stendhal unnütze Tote.

Ich habe diese beiden berühmtesten Beispiele zitiert, weil sie die Lösung des Dramas der Figuren betreffen und daher besonders charakteristisch sind. Doch die synkopische Technik wird auch auf die Romane im gan-

zen angewandt und verleiht ihnen diese bewunderns-
würdige Rasanz, dieses gänzliche Fehlen von Verzögerungen. So heißt es zum Beispiel am Ende der *Chartreuse*: »Hier bitten wir den geneigten Leser, einen
Zeitraum von drei Jahren überspringen zu dürfen, ohne
ein Wort darüber zu verlieren.«

Dies ist eine Technik äußerster Verknappung, die
auch in den sogenannten zweitrangigen Werken Anwendung findet. Betrachten wir den Schluß von *Vanina
Vanini*: »Vanina blieb vernichtet. Sie kam nach Rom zurück; und die Zeitung meldet ihre Vermählung mit dem
Fürsten Don Livio Savelli.«

Ein Stil, der in seiner Trockenheit simpel erscheinen
mag, und der doch die Frucht angestrengter Arbeit und
eines ständigen Ausmerzens ist. Ein Stil vor allem, der
als Grundlage eine außerordentliche Fülle von Ideen,
Erinnerungen und Erfahrungen voraussetzt, denn
selbst der winzigste Mangel an gelebter Substanz würde
sogleich in die Augen springen. Ein Stil, der sich mit den
Zifferblättern moderner Uhren vergleichen läßt, die mit
äußerster Präzision die genaue Stunde anzeigen, obwohl (oder vielleicht gerade weil) die Ziffern durch winzige Linien ersetzt sind. Auf herkömmliche Weise wird
nur die Zahl Zwölf markiert, die Stunde der Sonne und
des Todes.

Diese Einschätzung von Stendhals Stil scheint auf den
ersten Blick dem Urteil Jean Prévosts zu widerspre-
chen, der von einem »improvisatorischen Stil« spricht.
Sobald man Stendhals Werk ein erstes Mal in seiner
Gesamtheit zur Kenntnis genommen hat, sollte man
unbedingt Prévosts großartiges Buch lesen, um sich davon zu überzeugen, daß diese Behauptung wahr und

mit jener anderen Ansicht vollkommen vereinbar ist. Aufgrund einer scharfsinnigen Analyse der Handschriften und der Erinnerungen der Zeitgenossen gelangt Prévost zu dem Schluß, daß Stendhal in verblüffendem Maße die Gabe besaß, innerlich zu komponieren, im Geiste zu verbessern, »im voraus zu streichen« (wie Proust es nennt), eine Gabe, über die übrigens mehr oder minder jeder verfügt, der irgend etwas schreibt.

Stendhal kostete also über einen langen Zeitraum hinweg wieder und wieder die eigene Lebenserfahrung, sein Verlangen nach Glück, die zahlreichen Anekdoten, die man ihm erzählte und auf die er süchtig war, und er bewegte sie in seinen Gedanken. Doch sobald er sie wieder auf der Zunge hatte, unterwarf er sie einer psychologischen und ästhetischen Kritik, was stets bedeutete, daß er Überflüssiges ausschied. An einem bestimmten Punkt behielt er in Gedanken nur noch das Essentielle zurück, in den wesentlichen Worten bereits fertig formuliert. Anschließend setzte er sich an den Schreibtisch und brauchte nur noch aus seinem Gedächtnis, das sich in gelebte Empfindung zurückverwandelte, sein Buch abzuschreiben. Das war in einigen Tagen erledigt. Der Text drängte dann in lockerer Form wie improvisiert ans Licht und war doch das Produkt eines langen, minutiösen Arbeitsprozesses, der freilich nicht auf dem Papier, wo sich nur Worte bearbeiten lassen, stattfand, sondern im Gefühl selbst, geleitet von dem untrüglichen Instinkt, der uns Gedanken ins Reine bringen läßt, noch bevor wir sie formulieren (sie verwirren sich erst später, bei der Niederschrift, wieder).

Liest man Stendhals Werke (mit der gebührenden Aufmerksamkeit, versteht sich, und nicht um zu sehen,

»wie es ausgeht«), insbesondere seine beiden großen Romane, aber auch alles übrige, so stellt man fest, daß jede Schrift nach einem »doppelten Register« angelegt ist; das heißt, einige Empfindungen werden explizit ausgedrückt und dem Leser übermittelt, andere verbergen sich in einem beredten Schweigen, das den aufmerksamen Leser die Ohren spitzen läßt.

Stendhal hat als erster und letzter auf lyrische und psychologische Bemerkungen ein System angewandt, dessen sich die großen Romanciers und Theaterautoren bei der Darstellung der Landschaft und des Hintergrundes bedienen: beschwören, mit knappen Strichen skizzieren, niemals beschreiben. Dieses System besitzt vor allem den Vorzug, das Ambiente (und, im Falle Stendhals, die psychologische Beobachtung) mit der Erzählung zu verschmelzen, es ständig präsent zu halten, statt es auf einzelne beschreibende Blöcke zu konzentrieren, die dann vom Strom der Erzählung mitgerissen werden. Ein weiterer Vorteil liegt darin, daß die deskriptiven Partien gerade aufgrund ihrer Seltenheit stärker ins Gewicht fallen und lebhaft im Gedächtnis haften, wie zum Beispiel die großartige Beschreibung der Vogesen in *Le Rouge et le Noir*.

Aus dem eben Gesagten geht klar hervor, daß Stendhals Methode der psychologischen Beobachtung (die des »zweiten Registers«, wohlgemerkt, und das gilt nicht nur für Stendhal selbst, sondern auch für alle seine späteren großen Nachahmer) nichts weiter ist als eine Übertragung der Theatertechnik auf die Erzählliteratur. In einer Theateraufführung ergibt sich die allgemeine psychologische Charakteristik (die des »ersten Registers«) aus den Handlungen der Personen, aus dem

Plot. Das Ambiente und die Landschaft hingegen werden durch gemalte Kulissen geschaffen, die mit Hilfe optischer Eindrücke auf den Zuschauer wirken, die den gesamten Gang der Handlung als stets gegenwärtigen, stummen Hintergrund begleiten und damit das Drama, wenn auch indirekt, stark beeinflussen – das Schloß von Helsingör, Macbeth' Felsen, das Serail Bajazets, das Gefängnis in Schillers *Don Carlos*, der Wald in *Siegfried*. Den Text des »zweiten Registers« bilden dann nicht die eigentlichen verbalen Äußerungen, sondern die Pausen, das Zögern, die Ausdrucksgesten der Schauspieler, wobei kaum merkliche Anspielungen im Text den durch die Kulissen vermittelten optischen Eindruck des Ambientes verstärken.

Dieser »technische« Vergleich von Stendhals ästhetischer Verfahrensweise mit dem Theater scheint um so eher gerechtfertigt, als Stendhal während seiner ganzen Jugend eigentlich Bühnenautor werden wollte und weil seine Dramen-Versuche, die niemals zur Reife gelangten, einen sehr beträchtlichen Teil der Menge an unveröffentlichten Texten ausmachen, die jetzt wieder nachgedruckt werden. Im übrigen war er sein ganzes Leben lang ein leidenschaftlicher Theaterliebhaber, insbesondere ein Liebhaber der Oper, eine Geschmacksverirrung, die nur dadurch gemildert wird, daß seine Lieblingswerke die Opern Cimarosas, Mozarts und des frühen Rossini waren und daß er niemals müde wurde, Spitzen gegen die ernsten Opern loszulassen, »die immer etwas Jesuitisches an sich haben«, ganz besonders gegen die ernsten und komischen Opern aus Frankreich.

Von Stendhals dramatischen Versuchen sind uns weitgehend ausgearbeitete Entwürfe zu zwei Komödien geblieben: *Les deux hommes* und *Letellier*, beide recht dürftig, weil offensichtliche Nachahmungen der *Précieuses ridicules* und des *Tartuffe* von Molière (was an sich noch kein Fehler sein müßte), vor allem aber, weil sie nach einem kalten intellektualistischen Plan aufgebaut sind und psychologische Konflikte nach einem mathematischen Schematismus lösen, der jeder menschlichen Wärme entbehrt. In dieser Phase, in der er nebenbei Theaterstücke schrieb (sie währte sehr lange, von seinem achtzehnten bis zu seinem dreißigsten Lebensjahr), hatte Stendhal Gelegenheit, sich von seinem aufklärerischen Intellektualismus zu befreien, von dem in seinem erzählerischen Werk nur noch die Bewunderung für Knappheit und Präzision geblieben ist. Daß er selbst diese Arbeiten als zweitrangig ansah, geht daraus hervor, daß sich nicht der geringste Hinweis auf irgendwelche Aufführungsversuche findet.

Stendhal begann spät zu publizieren, im Alter von fast dreißig Jahren. Seine ersten Werke (*Vie de Haydn, de Mozart et de Métastase* 1814, *Racine et Shakespeare* 1817, *Histoire de la Peinture en Italie* 1817, *Vie de Rossini* 1823) sind einander ziemlich ähnlich; sie besitzen alle die gleichen Eigenschaften: alle erschienen unter einem Pseudonym, alle wurden geschrieben, um Geld zu verdienen (»um zu meiner Geliebten zu kommen«, nämlich nach Italien), alle sind Plagiate und gleichwohl höchst originell. Wer die Plagiierten waren, habe ich bereits erwähnt. Ihren Namen wäre der des berühmten Baretti für das *Leben Metastasios* hinzuzufügen. Signor Carpani, dessen *Leben Haydns* geplündert worden war, protestierte aufs lebhafteste gegen Monsieur Bombet, ein Name, hinter dem sich Stendhal verbarg, welcher in Briefen mit der Unterschrift »Bombet frère« in den Zeitungen höchst amüsant und lebhaft replizierte und nun seinerseits Carpani des Diebstahls an anderen Autoren bezichtigte (was auch zutraf).

Daß diese Bücher trotz ihrer gestohlenen Vorentwürfe von unzweifelhafter Originalität sind, wurde bereits erwähnt. Die von den Beraubten verfaßten farblosen Seiten erscheinen verwandelt und verlebendigt. Carpani zum Beispiel spricht als tierisch ernster Pedant, der er war, ausschließlich von Haydn. Bombet-Stendhal-Beyle dagegen webt um das Leben des Musikers ein ganzes Netz von persönlichen Erinnerungen, Kriegsreminiszensen, Beobachtungen und Vergleichen des Wiener und Londoner Lebens, zahlreichen moralischen Maximen, die immer zynisch, oft tiefsinnig sind. Carpani ist nichts weiter als ein Stück Fleisch, das der Vorwand ist für die Soßen des Küchenchefs. Carpani wäre es gewiß nie in den Sinn gekommen, Haydns Musik mit französischen Melonen zu vergleichen, »die alle leidlich schmecken, während die italienischen Melonen fast alle scheußlich sind, mit Ausnahme von einigen göttlichen«. Und die Haydn-Biographie schließt mit einem jener zahlreichen Stendhalschen Vergleiche zwischen Frankreich und Italien: »Frankreich erzeugt nur Grenadiere und geistreiche Leute, Italien dagegen ist leidenschaftlich, melancholisch und sanft; das Land bringt Männer hervor wie Raphael, Pergolesi und den Grafen Ugolino.«

Das Werk Carpanis und das Bombet-Stendhals haben absolut nichts miteinander gemein.

Das gleiche läßt sich von *Vie de Mozart* behaupten,

was durch wenige Hinzufügungen auf ein gänzlich anderes Niveau gehoben ist.

Fast ohne Verbesserungen übersetzt ist dagegen die *Vita di Metastasio* von Baretti. Am Schluß allerdings findet sich eine wichtige Ergänzung. Es heißt dort, Ziel des ganzen Buches sei es, »die mittelmäßigen, irritierenden Opernlibretti zu ersetzen und ein Libretto für Symphonien zu schaffen«. Bemüht, seine Absicht deutlich zu machen, erklärt Stendhal weiter, er habe »über das Leben der Musiker« ein Buch schreiben wollen, das dank seines Rhythmus und seiner Klangfarbe ein nicht unwürdiger Bruder ihrer Musik sein sollte.

Kann man da noch von Plagiat sprechen?

Die *Histoire de la Peinture en Italie* ist ein wesentlich anspruchsvolleres Werk, und Stendhal dachte daher anfangs lange darüber nach, welchen Autor er ausschlachten sollte, Giorgio Vasari oder Lanzi? Schließlich schloß er Vasari aus, eben weil das Werk dieses Autors, der oft abschweift und konkrete biographische Fakten mit Legenden und zweifelhaften Anekdoten vermischt, dem, was Stendhal selbst im Sinne hatte, zu ähnlich war. Die Anekdoten, Legenden und Reflexionen sollten ganz und gar sein Eigentum sein.

Und in der Tat ist dieses Buch, das den ohnehin schon knappen Lanzi noch weiter zusammenfaßt, von absoluter Originalität. Erstmals in Europa wird hier die Geschichte der Kunst nicht als separates Phänomen betrachtet, sondern als das, was sie wirklich ist, nämlich ein Teil der politischen Geschichte, der Geschichte der Sitten, ein Produkt, das dem Einfluß der sozialen Konjunkturen und des Klimas unterliegt.

Die »große Geschichte« wird ihrerseits durch die

Kunstwerke erhellt: die *Mandragola* wirft ein Licht auf das republikanische Florenz, die Renaissance wird aus Cellinis *Vita* gedeutet.

Einige Zeilen zum Beispiel sind den Barbareninvasionen gewidmet, und sogleich nimmt der Diskurs konkrete Form an: »Hier einige ihrer Charakterzüge…« Nachdem er den Begriff der Renaissance erklärt hat, heißt es weiter: »Von den Höhen der Geschichte werden wir nun hinabsteigen zu den Einzelheiten des Privatlebens, greifen wir zu einer Anekdotensammlung aus dem 16. Jahrhundert.« Die Sittengeschichte dient ständig der Erklärung der politischen Geschichte, und moderne Anekdoten erhellen und erläutern den Sinn der alten. Unablässig bezieht sich Stendhal auf die eigene Zeitgeschichte. Anläßlich der italienischen Signori des sechzehnten Jahrhunderts wendet er sich plötzlich an die konstitutionellen Monarchen von 1820: »Die Tugenden, auf die ihr so stolz seid, sind lediglich privater Natur. Als Könige seid ihr ein Nichts…« Er hat begriffen, daß man, wenn man von einer vergangenen Epoche spricht, ohne auf die Gegenwart Bezug zu nehmen, sie zum Museumsstück reduziert, das von unserem Leben abgelöst und ohne jeden Einfluß darauf bleibt. In Wirklichkeit ist das genaue Gegenteil der Fall.

Soviel zu der kurzen, ungemein originellen Einleitung. Der Text der *Histoire de la Peinture* selbst präsentiert sich in höchst individueller Gestalt, ästhetisch sehr wirkungsvoll, wenn auch kunstkritisch gesehen wenig schlüssig.

Aus jeder Malerschule (der toskanischen, lombardischen, umbrischen, venezianischen, römischen, bolognesischen) wird ausführlich nur ein einziger Künstler vorgestellt, und von diesem wird wiederum nur ein einziges Werk gründlich analysiert. Gewiß, Stendhals Methode erscheint uns recht lückenhaft, doch man muß auch die Schwierigkeiten bedenken, die zu Beginn des 19. Jahrhunderts angesichts des vollständigen Fehlens zuverlässiger Bildreproduktionen bestanden. Stendhal ist ein Vorläufer der filmischen Technik, bei der auf Kosten eines verschwommenen näheren oder weiteren Hintergrundes der Vordergrund scharf hervortritt.

Leonardo (mit dem *Abendmahl*) und Michelangelo (mit den Fresken der Sixtinischen Kapelle) sind die bevorzugten Künstler, die er ausführlich vorstellt. Stendhal kann als ein Pionier der Verehrung Leonardos gelten, eines Malers, der bis dahin relativ wenig Beachtung gefunden hatte.

Man muß zugeben, daß Stendhal für uns als Kunstkritiker wenig bedeutet. Seine Analyse ist, wie das bis vor fünfzig Jahren üblich war, deskriptiv (der Kritiker suchte durch Worte das dürftige Bildmaterial aufzufüllen) und vernachlässigt eben deshalb die Farbe. Stendhal urteilt als Literat, als Psychologe und versteigt sich zum Beispiel dazu, sich die Gedanken Christi im Augenblick des von Leonardo gemalten Abendmahls vorzustellen.

Doch wem käme es schon in den Sinn, die *Histoire de la Peinture* und andere vergleichbare Werke Stendhals als echte kritische Arbeiten anzusehen? Das wäre so, als wollte man das *Journal of the Plague Year* von Defoe vom klinischen Standpunkt aus beurteilen. Das keineswegs geringe Interesse, das dieses Werk und andere gleicher Art verdienen, hat andere Gründe: Sie sind wichtig für die Geschichte von Stendhals Seele, als Dokument seiner Abenteuer im Reich der Formen und Farben, als

Etappen seiner »recherche du plaisir«. Bedeutsam sind sie aufgrund ihrer ungebrochenen Lebendigkeit, ihres Reichtums an damals ungewöhnlichen Parallelen (bemerkenswert ist zum Beispiel der Vergleich der Musik mit der Malerei), aufgrund der Fülle dessen, was man Anekdoten nennt, obwohl es sich in Wirklichkeit um Parabeln handelt, die dank eines flüssigen und lebendigen Stils tiefe Wahrheiten ausdrücken, aufgrund der Verlebendigung eines Gebietes, das vorher ausschließlich Domäne der Pedanten war, kurz, ich wiederhole es noch einmal, aufgrund des stets spontanen und lebensvollen Selbstbildnisses, das sie uns vermitteln.

Schon in der *Histoire de la Peinture* hat Stendhal zu seiner eigenen ästhetischen Verfahrensweise gefunden, bewußt zu ihr gefunden und sie auch in Worten ausgedrückt. »Selten findet man bei Raphael abgeschlossene Handlungen, das heißt solche, die der Figur keinerlei Bewegungsspielraum mehr übriglassen. Auf diese Weise gelang es ihm, die Einbildungskraft des Beschauers ins Spiel zu bringen. *Er verfügte über diese scheinbare Lässigkeit, die den Betrachter Dinge sehen läßt, die man nicht zeigen kann.*«

Das mag miserable Kunstkritik sein, ist aber zugleich eine bewundernswerte Vorwegnahme der verknappten, höchst elegischen Schlüsse seiner späteren Meisterwerke.

Im allgemeinen gilt: Wer eine Biographie schreiben will, braucht einen Toten. Stendhal hat diese offensichtliche Wahrheit kühn mißachtet.

Als er *Vie de Rossini* schrieb, war der Schöpfer des *Barbier von Sevilla* kaum dreißig Jahre alt. Es war ein einzigartiger Glücksfall, daß der Mann aus Pesaro sich aus Trägheit von der Kunst zurückzog und Stendhal damit Gelegenheit gab, sein Gesamtwerk – mit Ausnahme des *Wilhelm Tell* – einzubeziehen.

Auch in diesem Fall gilt wieder, daß der im Titel genannte Gegenstand ihn am wenigsten interessierte. *Vie de Rossini* könnte auch heißen *Journal de M. de Stendhal pendant un voyage sentimental au pays de la musique*.

Es handelt sich vor allem um ein Tagebuch seiner Sehnsüchte. Die österreichische Polizei hatte ihn aus Mailand vertrieben, und es lag ihm in erster Linie daran, für sich selbst die Erinnerungen an die Scala (»mein irdisches Paradies«), an die Jahre des »vollkommenen Glücks« wiederzubeleben, die er in ihren Logen und Korridoren verbracht hatte. Rossinis Musik begeisterte ihn im Grunde genommen nicht. An zwei Stellen nennt er sie »de la crème fouettée«, Schlagsahne. Seine ästhetischen Kerzen weihte er den Altären Mozarts und Cimarosas. Doch er liebte bis zum Wahnsinn die »köstliche Unruhe« vor dem Aufgehen des Vorhangs, »die nackten Schultern, die man in den abgedunkelten Logen schimmern sieht«, »den Hauch eines leichten, aufmerksamen und lässigen Lebens«, den man nur in Italien und hier vor allem in einer Opernaufführung genießt. Er legt Wert darauf, zu betonen, daß der musikalische Geschmack sich am raschesten wandelt und daß daher in ein und derselben Loge oft »drei Generationen, also drei Vorstellungen von idealer Schönheit in der Musik« zu finden sind. Naiv gesteht er, nicht immer alles gehört zu haben, was auf der Bühne gesungen wurde, »gefesselt, wie ich war, von den leuchtenden Schultern der Madame D. oder von der köstlichen Erwartung des hohen C, das Madame Pastas Stimme sogleich erklingen lassen würde.«

Immer wieder »l'attente«.

Stendhals unverhüllter Epikureismus wird selten offenbarer als in diesem Werk, das von ganz kostbarer Expressivität ist, für die Kenntnis Rossinis allerdings weniger wichtig als für die Henri Beyles.

Das kleine Werk *Racine et Shakespeare* ist objektiv gesehen bedeutsamer. Vor allem handelt es sich natürlich nicht um eine Gegenüberstellung der beiden Dichter, sondern um zwei getrennte Essays ohne wechselseitigen Bezug. Seltsamerweise stammt der erste ganz von Stendhal, während der zweite einen Artikel um- und einarbeitet, den Visconti zur Zeit der ersten Romantikdebatte im *Conciliatore* in Mailand veröffentlicht hatte.

Das Werk hat eindeutig journalistischen Charakter (es werden hier Artikel nachgedruckt, die vorher in englischen Zeitschriften erschienen waren, an denen Stendhal mitarbeitete). Auch die wesentlichen Charakteristika sind journalistisch: die Lebhaftigkeit, der Mangel an Präzision, die Vorliebe für zusammenfassende Formeln, für »Slogans«, wie man heute sagen würde. Einige davon sind berühmt geworden, wie zum Beispiel: »Der Alexandriner ist eine Maske der Dummheit« oder »Ein Autor hat uns zu gefallen und nicht unseren Großvätern«.

Aus diesen beiden Zitaten wird bereits deutlich geworden sein, daß Stendhal polemisch gegen Racine Position bezieht. Es ginge wohl auch zu weit, von einem 1823 Geborenen zu verlangen, daß er Racines Größe begreift. Diese Größe wurde damals von niemandem wahrgenommen, am allerwenigsten von den Klassizisten, die für Racine soviel Achtung empfanden wie eine Schneiderin für die Papiermuster, auf denen sie ihre eigenen vergänglichen Stoffe zurechtschneidet.

Es findet sich jedoch ein recht bedeutsamer, flüchtig hingeworfener und eben an die Adresse der Klassizisten gerichteter Satz: »Weil Racine wahr ist, vermögt ihr ihn so schlecht zu kopieren« – ein Satz, der vorab ein Urteil über das romantische Drama fällt, das in diesen Jahren seine Inkubationszeit erlebte.

Auch über Shakespeare sagt Stendhal, was zu erwarten war: Er bewundert die Mischung aus Tragik und Komik, die Aufspaltung in kurze Szenen, den Blankvers. Für das Titanische der Figuren, für Shakespeares Poesie, bleibt er taub. Für ihn ist der englische Dichter lediglich eine Waffe im Kampf gegen die überlebte klassische Tragödie, eine negative Größe. Im Grunde decken sich seine Ideen mit denen, die andere zu *Henri III et sa cour*, zur *Maréchale d'Ancre* oder zum *Cromwell* geführt haben.

Um so bedeutsamer ist es zu wissen, daß er selbst in der folgenden Zeit der französische Schriftsteller sein wird, der Racine am nächsten kommt und daß er eine weniger explizite, aber doch ebenso eindringliche Poesie entwickeln wird wie Shakespeare.

Man könnte die Analyse des Stendhalschen Frühwerkes damit als abgeschlossen betrachten, bliebe nicht sein *Napoléon* zu erwähnen. Es handelt sich dabei um eines seiner am häufigsten nachgedruckten Werke. Die Verleger setzten auf die Faszination eines solchen Themas, wenn es von einem Autor dieses Ranges behandelt wird. In Wirklichkeit ist das Buch bestenfalls mittelmäßig. Der Autor selbst hat es nie veröffentlicht, vielleicht weil es zu sehr von seinen eigenen Widersprüchen geprägt war. Stendhal liebte den Despoten Napoleon nicht, was 1818 ein Erfolgsgrund für das Buch gewesen wäre. Doch er verachtete ihn auch nicht, nicht weil er ein Anhänger der konstitutionellen Monarchie, sondern weil er Republikaner war, und das war 1818 gefährlich.

Außerdem war Stendhals Haltung gegenüber dem Kaiser zwiespältig: Er haßte ihn, gewiß, aber er verehrte ihn auch als »professeur d'energie«, und er widmete dessen Verwaltungsmethoden, die er sehr gut kannte, einen regelrechten Kult. Aus diesen vielfältigen Widersprüchen vermochte der Autor sich nicht zu lösen. Das Buch ist daher platt, auf schlechten Themen aufgebaut und als einziges langweilig.

Die Werke der Reifezeit

Rome, Naples et Florence ist nicht nur das erste Werk, in dem Stendhals höchst eigenwilliges Talent zur vollen Reife gelangt, sondern auch eines seiner charakteristischsten und bedeutsamsten Bücher.

Dieses Werk zu beschreiben ist recht schwierig. Als Untertitel würde ich vorschlagen: *Etude sur les différents conceptions du bonheur à Milan, Bologne, Florence, Venise, Rome et Naples.* Weiter nach Süden dringt Stendhal nicht vor, denn »jenseits von Neapel beginnt«, wie er sagt, »das Reich der Türken. Italien ist zu Ende.« Mit diesem Werk beginnt die Reihe der Reisebücher, die einen beträchtlichen und auch besonderen Teil seines literarischen Schaffens ausmachen.

Zunächst einmal wird der Sinn des Begriffs »Reiseliteratur« zu klären sein, wenn man ihn auf Stendhal anwenden will. Tatsächlich hatte Stendhal nicht die Absicht, Italien und Frankreich so zu beobachten wie der Pater Huk im gleichen Zeitraum die tibetanischen Riten beobachtete. Er nimmt sich lediglich vor, die inneren Regungen der Menschen festzuhalten, vor allem ihre Einstellung zum »Problem des Glücks, das das Problem des Lebens ist«, und das in erster Linie in Übereinstimmung mit oder im Widerspruch zu seiner eigenen Auffassung des Glücks steht. Es ist diese Homogenität der Absichten, dieser vollkommene Einklang zwischen seinen Reisebüchern und seinen großen Romanen, was ersteren ihren überragenden geistigen Rang verleiht. Man täusche sich nicht, die *Promenades dans Rome*, die *Mémoires d'un touriste*, *Rome, Naples et Florence* sind Aspekte der leidenschaftlichen polemischen Auseinandersetzung Stendhals mit sich selbst und mit seiner eigenen Zeit, nur handelt es sich hier um Aspekte, die noch nicht in großen mythischen Gestalten verkörpert sind.

»Noch nicht verkörpert« sind sie jedenfalls im herkömmlichen Sinne. Denn das Zentrum des Interesses liegt in diesen Büchern bei den Hunderten von Geschichten (wir bezeichnen sie als Anekdoten, aber das ist der Sache nicht angemessen), mit deren Hilfe der Autor seine eigenen Lebensansichten darlegt. Er schreibt sich selbst Anekdoten zu, die von anderen stammen, und er überträgt auf andere seine eigenen Erlebnisse; er erfindet Fakten, die angeblich aus Zeitungen stammen, welche er namentlich und unter Angabe des Datums zitiert, obgleich sie niemals die Gelegenheit, noch das Talent besaßen, derartige Dinge zu drucken. Beides, die Lust an der Mystifikation und das für den Carbonaro typische Bestreben, die eigenen Spuren zu verwischen, haben dazu beigetragen, der Fülle von Anekdoten eine unvergleichliche psychologische Einheit zu verleihen. Liest man sie, so stellt man fest, daß es unmöglich ist, auch nur eine einzige von ihnen nachzuerzählen. Ihre Form ist so gewandt, ihr Reichtum an Empfindungsnuancen in jeder einzelnen

Zeile so groß, daß man sie auswendig lernen müßte, um sie ohne irreparable Entstellungen wiedergeben zu können.

Man sagt (und das trifft im großen und ganzen auch zu), daß Stendhal keine Novellen schreiben konnte. Im umfangreichen Gerüst des Romans fühlte er sich zweifellos wohler. Doch während die Novelle ihn zwang, einem vorab festgelegten Plan zu folgen (es gibt den Roman »ohne Ordnung«, doch die Novelle bedarf stets einer strengen Organisation), ermöglichten ihm seine geniale Fähigkeit, alles Überflüssige zu beseitigen, und seine fulminante psychologische Intuition eine meisterhafte Beherrschung jener Erzählung von zehn Zeilen oder drei Seiten, die man Anekdote nennt, bei der Komposition überflüssig und Intuition alles ist.

In *Rome, Naples et Florence* begegnen wir auch erstmals der besonderen Technik Stendhals, die drei an der Lektüre eines Buches hauptsächlich beteiligten Personen, den Autor, die Figur und den Leser, aufeinander abzustimmen und gleichsam zu einer Einheit zu verschmelzen. Der einzigartige Rang seiner großen Meisterwerke beruht nicht zuletzt auf der Vollkommenheit, die er in dieser Technik erreicht. Davon wird später noch ausführlicher die Rede sein. Für den Augenblick mag der Hinweis genügen, daß diese Technik (wie alles, was Gültigkeit besitzt) eine Frucht des Verzichts ist, zum Beispiel der Beseitigung aller zu bedeutungsgeladenen oder zu aufwendigen Wörter, die zwar gelegentlich eine Seite verschönen, den Leser aber mit einem Schlag aus der Handlung herausreißen und ihn in die Lage eines Bildbetrachters versetzen.

Als Werk eines profunden Kenners des menschlichen

Herzens, das er stets als eine Variante seines eigenen Herzens begreift, eines höchst sensiblen Beobachters der Umwelteinflüsse, eines Schriftstellers, den die Desillusion bereits zu einer ironischen Sicht der Dinge geführt hat, welche er mit bemerkenswerter Verve und ungewöhnlicher Brillanz zu Papier bringt, ist dieses Buch der erste große »Wurf« des Autors, das erste Werk des perfekten »Improvisators«.

Dieses Urteil wird auch dadurch bestätigt, daß wir eine zweite, erweiterte und überarbeitete Fassung mit zahlreichen neuen Beobachtungen und Anekdoten besitzen, die aber den feurigen Glanz der ursprünglichen Version vermissen läßt. Sie ist das Ergebnis der Überarbeitung eines *bereits geschriebenen* Textes und nicht der Ausdruck spontaner, lange schweigend verarbeiteter Empfindungen.

Die *Promenades dans Rome* liegen zeitlich etwas später, sind aber *Rome, Naples et Florence* so ähnlich, daß ich meine Äußerungen über das frühere Buch wiederholen müßte, wollte ich sie gesondert behandeln.

Lediglich einige wenige und im übrigen nebensächliche Unterschiede bleiben zu vermerken: die *Promenades dans Rome* sind ein mit bemerkenswerter archäologischer Sorgfalt zusammengestellter, genial geschriebener Reiseführer, aufgelockert durch vage romaneske Anklänge. Höchst anziehend erscheinen die skizzenhaft gezeichneten Figuren: Frédéric, ein seriöser und gesetzter Mensch, stets auf der Suche nach Ruinen und ernsthaften Gesprächen, Paul, dem schöne Mädchen und köstliches Eis lieber sind, und eine anonyme Dame, die bei Liebesgeschichten in Tränen ausbricht und verrückt ist nach Cimarosa. Eine Handlung gibt es glücklicherweise nicht. Der Leser kann sich nach Belieben mit dem einen oder anderen dieser seltsamen Vögel identifizieren und das Buch als eigens für ihn selbst geschrieben betrachten.

Deutlicher noch als im vorangegangenen Buch zeigt sich hier Stendhals epikureische Lebensweisheit: Italien – und insbesondere Rom – ist das Land, das den höchsten Anspruch des Menschen erfüllt: »L'attente du bonheur«. Doch gerade deshalb gilt es, »darauf zu achten, wem man zu Italienreisen rät: Die großen Geister, welche die Tat der Erwartung vorziehen, werden dort Enttäuschungen erleben.«

Schon wieder »l'attente«.

Stendhal beschäftigt sich hier übrigens nicht ausschließlich mit Rom, er lenkt seinen Blick auch in andere Richtungen. »Ich habe ein Bild der heiligen Rosalia gesehen, der Schutzherrin von Palermo. Ich habe sie gebeten, Sizilien Grundschulen zu schenken. Sie antwortete mir, das werde in zweihundert Jahren geschehen.«

Mit den *Promenades dans Rome* hat Stendhal den Gipfel der Möglichkeiten erreicht, das Wesen des Menschen durch Reisen zu deuten. Die später erschienenen *Mémoires d'un touriste* sind von gleichem Rang, aber nicht besser. Die *Promenades* zählen mit einigen Seiten Chateaubriands (die übrigens aus einer gänzlich entgegengesetzten Haltung heraus geschrieben sind) zum Größten, was je zum Lobe Roms als einer lebendigen Stadt, nicht als eines Sammelbeckens von Erinnerungen, gesagt wurde.

Hier scheint mir der Augenblick gekommen, zum wiederholten Male auf den verblüffenden Mangel an Konkretheit in der italienischen Literatur des 15. bis

19. Jahrhunderts hinzuweisen. London wurde von Fielding, von Boswell und Dickens beschworen, die Entwicklung von Paris verfolgten Schritt für Schritt Restif, Balzac, Stendhal, Flaubert und Zola. Puschkin wußte den goldenen, geisterhaften Flußzauber Petersburgs aufs Papier zu bannen; Fontane verewigte das alte Berlin, das längst versunken war, bevor das kaiserliche unter dem Druck seines eigenen Versagens zerfiel. Hätte es nur von den Italienern abgehangen, dann hätte Rom von Boccaccio bis zu D'Annunzios *Il piacere* in der Kunst keine Spur hinterlassen. Um uns ein Bild von Rom zu machen, müssen wir fremde Augen zu Hilfe nehmen. Glücklicherweise sind es gute Augen, die eines Du Bellay, eines Milton, Goethe, Chateaubriand, Stendhal oder auch eines Zola (Belli habe ich nicht eigens erwähnt, weil er in unvergleichlicher Weise nur die römische Plebs, nicht aber die Stadt im ganzen beschworen hat).

De l'Amour gehört zu Stendhals berühmtesten Büchern, aber auch zu denjenigen, die beim Leser am ehesten ein Unbehagen hinterlassen.

Dabei mangelt es dem Buch keineswegs an psychologischer Einsicht, an vorurteilsloser, aber nicht unbarmherziger Beobachtung, an nervöser Lebhaftigkeit des Stils. Diese Vorzüge finden sich dort vielmehr in höchstem Grade und beweisen, in welchem Maße der Autor reif war, sich den großen Liebesmythen zu stellen. Aber man bemerkt in diesem Buch, das sich als Traktat gibt, – bereits der Titel ist durch das strenge *De* belastet, welches an die ernste Würde eines Seneca gemahnt – sogleich den Mangel an geordneter Gedankenführung. Dies ist um so empfindlicher spürbar, als der

Autor anfangs ständig Einteilungen und Untereinteilungen vornimmt, den Stoff auflistet, den er behandeln will, und dann doch nicht behandelt. Es ist ein Buch, bei dem das Inhaltsverzeichnis den Leser in die Irre führt. Möglicherweise ist dieses Vorgehen ironisch gemeint, aber es bleibt verhängnisvoll.

Man mag auf logische Ordnung pfeifen, kann sich aber doch eines Unbehagens nicht erwehren, wenn der Autor am Anfang vier Unterarten der Liebe unterscheidet (den »amour-goût«, den »amour-caprice«, den »amour-vanité« und den »amour-passion«), dann aber nur von einer einzigen Spielart spricht. Und damit noch nicht genug: Nachdem er mit beispiellosem Scharfsinn sieben Phasen des »amour-passion« unterschieden hat, spricht er nur von der fünften und der siebenten, den berühmten »Kristallisationen«. Das Versprechen, die Liebe aus Leidenschaft in ihrer Beziehung zur Umwelt zu analysieren, wird nicht, aber auch gar nicht eingelöst.

Ein solcher Mangel an äußerer Komposition wäre verzeihlich, gäbe es statt dessen eine organische innere Ordnung – eine Ordnung, wie sie sich beim Thema der Liebe etwa in Montaignes großem Essay *Sur des vers de Virgile* erkennen läßt. Aber auch diese Art von Ordnung fehlt. Obwohl einem beim Titel das Wasser im Munde zusammenläuft, bleibt *De l'Amour* ein Sammelsurium vermischter Gedanken, ausgeklügelter Theorien und scharfsinniger Anekdoten, die nicht zur Einheit verschmolzen sind, wie das auf großartige Weise in den Reisebüchern und in den Musikermonographien der Fall war. Kurz, es gilt mehr oder minder das gleiche, was ich über den *Napoléon* gesagt habe.

Doch man verstehe mich recht, diese schlecht verbundenen, gänzlich unorganisierten »disjecta membra« sind von größtem Wert, sobald man sie einzeln studiert. Wenn man das Werk liest und Stendhals Biographie kennt, wird auch ein verzweifelter lyrischer Ton spürbar, der mit den persönlichen Lebensumständen des Autors zum damaligen Zeitpunkt zusammenhängt. Und die Anekdoten, die berühmten Anekdoten, sind mit der gewohnten Brillanz erzählt und vermitteln wie immer tiefe psychologische Einsichten. Einige von ihnen sind außerdem ausgearbeiteter als in den Reisebüchern und nehmen ansatzweise die Form von »Novellen« an. In *De l'Amour*, einem in vieler Hinsicht gescheiterten Werk, findet der Erzähler Stendhal erstmals zu sich selbst.

In der Tat begegnen wir im gleichen Jahr, nämlich 1826, auch erstmals Stendhal als dem Autor eines ausschließlich erzählerischen Werkes. Er war dreiundvierzig Jahre alt und glaubte offensichtlich, genügend Erfahrung gesammelt zu haben, um sie poetisch umzusetzen. Das war sicherlich seine Überzeugung, als er *Vanina Vanini* zu schreiben begann, und er glaubte es wohl noch mehr, als er das Werk vollendet hatte. Tatsächlich ließ er die Novelle dann einige Jahre in der Schublade liegen und veröffentlichte sie erst später als Teil der *Chroniques italiennes*.

Daß die Novellenform Stendhal nicht lag, habe ich bereits gesagt. Sie verbietet unter anderem aufgrund der Kürze der Handlung, Autor, Leser und Held zu jener dreifaltigen Einheit zu verschmelzen, die den »siebten Himmel« von Stendhals Kunst ausmacht. Außerdem fordert die Novelle unabdingbar einen rigorosen, vorab festgelegten Plan.

Diese Beobachtungen sind meines Erachtens wahr und unwiderlegbar; und doch sind sie dazu bestimmt, an der unwiderruflichen Irrationalität des Kunstwerks zu scheitern. Stendhal fühlt sich beim Schreiben von Novellen nicht wohl, daran gibt es keinen Zweifel. Und doch ist *Vanina Vanini* ein Meisterwerk. Indem Stendhal erfolgreich die »schwarzen Wolken des Fluches« zerstreute, die »dunkel über der Zukunft liegen«, entdeckte er ein ihm ganz und gar kongeniales Sujet von seltener Schönheit, die Eifersucht einer Frau auf eine Idee. Und dieses Sujet wußte er in aller Schärfe mit grausamer und atemberaubender Ungeduld zu behandeln. Es gibt darin keine Zeile, die nicht zum Thema gehört. Die Gesellschaftssatire, die Bewunderung für die Leidenschaft, der Kult der Persönlichkeit, das großartige Gemälde der Zeitumstände und des Milieus, alles dies findet sich auf einer Anzahl von Seiten zusammengedrängt, die Balzac kaum ausgereicht hätten, den Pförtner der Casa Vanini zu beschreiben.

In dieser Novelle sind alle Themen vereint, die bald zur vollen Entfaltung gelangen sollten: die Gestalt Vaninas, der Stolzen, die sich erst verliebt und dann zum Stolz zurückkehrt, ist mehr als nur ein Entwurf zu Mathilde de la Môle, ein Entwurf, der, wie so oft in der Malerei, wertvoller ist als das vollendete Gemälde. Man ahnt auch bereits die von Melancholie, Wollust und Desillusion getränkte Atmosphäre, die die Göttlichkeit der *Chartreuse* ausmacht. Ebenfalls findet sich hier bereits der poetisch verknappte Schluß der späteren Werke.

Das heißt jedoch nicht, daß *Vanina Vanini* makellos wäre. Ein Hauptmangel besteht in einer gewissen farblichen Überladenheit bestimmter Szenen (zum Beispiel der Schlußszene und wohl auch der Szene mit dem Monsignore), die dem romantischen Zeitgeschmack zuzuschreiben ist, die aber das ansonsten großartige und kraftvolle Gemälde entfesselter Leidenschaften nicht zu stören vermag. Ich habe die Erzählung gestern abend wiedergelesen und mich verzehrt bei dem Gedanken »so müßte man schreiben«, bis mir klar wurde, daß das nur Wenigen möglich ist, denn um so zu schreiben, braucht man mehr Ideen als Wörter. Schließlich ist in *Vanina Vanini* tatsächlich fast jede einzelne Zeile geistige Offenbarung, Handlung und Gemälde zugleich.

Wenn ein Dichter ein solches Werk als ungenügend erachtet und es viele Jahre hindurch in der Schublade liegen läßt, dann heißt das, daß er sich den Größten ebenbürtig fühlt.

Und in der Tat…

Es liegt auf der Hand (für uns, nicht aber für den Autor), daß auf einen so vollkommenen Erfolg eine Erholungspause folgen mußte, die sich mit *Armance* (1828) ankündigt, einem Werk, das vor allem aus äußeren Gründen mißlungen ist und von dem trotz der Mißlichkeit des Themas ausführlicher die Rede sein soll.

Armance ist ein Schlüsselroman, das heißt ein Werk, dessen volles Verständnis die Kenntnis von Fakten voraussetzt, die in ihm selbst nicht enthalten sind.

In jenen Jahren lebte in Paris die Herzogin von Duras, eine große Dame, eine der wenigen platonischen Geliebten Chateaubriands, die in ihrem Hause einen politischen und literarischen Salon unterhielt. Aufgrund des Umgangs mit Dichtern und Romanciers verspürte Madame de Duras Lust, selbst etwas zu schreiben, und so veröffentlichte sie anonym zwei Romane, *Omika* und *Edouard*, denen in der überaus reichen literarischen Produktion dieser Zeit unter den Werken zweiten Ranges ein nicht unbedeutender Platz gebührt. Diese im intellektualistischen Stil des 18. Jahrhunderts geschriebenen Romane erzählen nicht ohne Talent die Geschichte zweier leidenschaftlicher Liebesbeziehungen, denen aufgrund der gesellschaftlichen Umstände die Erfüllung versagt blieb. Der erste handelt von der auf Gegenliebe stoßenden Neigung einer Negersklavin (Omika) zu einem jungen weißen Aristokraten, der zweite von der Leidenschaft eines adelig geborenen Mädchens zu Edouard, einem mit allen attraktiven Eigenschaften und Tugenden begabten Mann, der ihr aber standesmäßig nicht ebenbürtig ist. Es sind, ich betone es noch einmal, kleine Romane, nicht ohne Verdienst, bei denen man bedauert, daß sie nicht wiederaufgelegt werden, weil sie so symptomatisch sind für den damaligen historischen Augenblick und für den Umkreis der Romantik, die sich zwar als bahnbrechende Bewegung bereits in den Köpfen eingenistet hatte, die aber noch niemand in die Praxis umzusetzen wagte.

Ermutigt durch den Erfolg, der beträchtlich war, schrieb Madame de Duras ein drittes Werk, *Olivier*, mit dem ihre Tendenz, »unmögliche Lieben« zu analysieren, an eine Grenze stieß. Es handelt sich um die Geschichte einer Liebe, die zu nichts führen konnte, nicht aus rassischen oder sozialen Gründen, sondern aufgrund irreparabler physischer Ursachen.

Die Kühnheit des Sujets war für die damalige Zeit ungewöhnlich. Und die kluge Madame de Duras veröffentlichte *Olivier* nicht, sondern begnügte sich damit, ein handgeschriebenes Exemplar unter ihren literarischen Freunden zirkulieren zu lassen. Dieser Roman ist heute verloren, doch wir wissen, daß er gut war, und wir wissen auch, daß der Name Olivier zeitweise in den Pariser Salons als Euphemismus für »Impotenz« kursierte.

Dieses Werk fand solche Verbreitung, daß ein gewisser Monsieur Latouche auf die Idee kam, selbst unter dem gleichen Titel und über den gleichen Gegenstand einen Roman zu schreiben. Er ließ ihn anonym drucken, bei dem gleichen Verleger und mit dem gleichen Frontispiz, mit dem die früheren Romane Madame de Duras' erschienen waren.

Die unglückselige Dame befand sich in einer mißlichen Lage und bestritt öffentlich die Urheberschaft des Romans. Latouche, spät zum Kavalier bekehrt, erkannte das Werk als sein Eigentum an. Dank dieses kleinen Skandals kam der Roman groß in Mode, eine jener blitzartig entstehenden und ebenso blitzartig wieder vergehenden Moden, wie wir sie kürzlich bei *Bonjour Tristesse* erlebt haben.

Doch im Hintergrund wartete bereits Stendhal. Die Lektüre von Latouches Roman (und möglicherweise auch die des Manuskripts von Madame de Duras) hatte in ihm den gewohnten Prozeß der Improvisation auf der Basis eingehender vorheriger Reflexion in Gang gesetzt. In zwölf Tagen schrieb er ebenfalls einen Roman, gleichfalls mit dem Titel *Olivier*, der das gleiche Thema behandelte, freilich mit wesentlich mehr Tiefgang, wie ich nicht eigens zu betonen brauche. Der Roman wurde umgehend für tausend Francs an den Verleger Coulson verkauft, der Stendhal riet, den Titel in *Armance* und den Namen des Protagonisten in Octave zu ändern.

Die tausend Francs (etwa eine Million heutiger Lire) ermöglichten Stendhal einen Abstecher in das angebetete Italien.

Der Roman war in Eile geschrieben worden, doch waren eingehende Überlegungen zum Thema lange vor dem Latouche-Skandal vorangegangen. Stendhal selbst berichtet in seinen *Souvenirs d'égotisme*, daß er kurz zuvor eine Krise sexueller Impotenz durchlebt hatte (von der er, wie ich mit Vergnügen anmerke, vollständig geheilt war), und dies just in einem Augenblick leidenschaftlicher Verliebtheit. Er schrieb also auf der Grundlage persönlicher Erfahrung, was bei Madame de Duras aus offensichtlichen Gründen nicht der Fall war, und offensichtlich auch nicht bei Latouche, der zu den Liebhabern George Sands gehörte, einer Dame von Rang, die allerdings von Platonismus nichts hielt.

Doch das Thema zog Stendhal auch noch aus einem anderen Grund an: Es bot ihm die Möglichkeit, das Milieu und die Liebesbeziehungen des zeitgenössischen Paris mit den Augen eines Fremden zu betrachten, also eine Technik anzuwenden, die er an Montesquieus *Lettres persanes*, Voltaires *Micromégas* und Swifts *Gulliver* ausdrücklich rühmt. Wahrscheinlich gab es noch einen dritten Grund für die Anziehungskraft des Sujets, von dem später die Rede sein wird.

Unglücklicherweise hatte der literarische Klatsch über die Bücher von Madame de Duras und Latouche sein Feingefühl verletzt; er wollte nicht den Anschein erwecken, als profitiere er davon, und tat alles, um seine eigenen Spuren zu verwischen. Er verwischte sie nur zu gut. Obwohl alle psychologischen Beobachtungen höchst scharfsinnig sind und obwohl er das perfekte

Bild eines leidenschaftlichen Impotenten zeichnet, wird im Roman darauf nur wie auf ein »schreckliches Geheimnis« angespielt, ohne den geringsten Anhaltspunkt, der es erlaubt, die Wahrheit zu erraten. Octaves Geheimnis bleibt tatsächlich unlösbar für jeden, der nicht einen Schlüssel dazu besitzt. Diesen Schlüssel liefert zwar mehr als explizit ein Brief an Mérimée, aber das Publikum konnte ihn nicht finden und hielt die Hauptfigur daher für rätselhaft und unbefriedigend.

Hier stoßen wir auf den dritten Grund, der vermutlich für das Interesse unseres verehrten Stendhal an diesem verstiegenen Thema verantwortlich ist: Aufgrund seiner Verschwiegenheiten und Geheimnisse gebärdet sich Octave wie ein vollkommener romantischer Held, und wir, die wir die bescheidenen Gründe kennen, welche ihn veranlassen, den Undurchsichtigen zu spielen, werden dazu bewogen, die diversen Laras, Manfreds und Anthonys, die ebenfalls voll unaussprechlicher Geheimnisse sind, ironisch zu sehen. Es ist nicht ganz auszuschließen, daß Stendhal von seiner Bosheit, die beträchtlich war, dazu veranlaßt wurde, die notwendige Klarheit des Romans seiner Spottlust gegen die »Phrasendrescher« zu opfern.

In jüngster Zeit wollte man *Armance* zu Stendhals Meisterwerk erklären; wieder einmal die üblichen Posen. Der Held ist großartig gezeichnet und vollkommen verständlich, sofern man sein Geheimnis kennt; einige Nebenfiguren sind meisterhaft gestaltet, der Stil besitzt den atemlosen Rhythmus und die unausgesprochene Poesie seiner besten Werke; der Schluß, wie üblich wild verstümmelt, entlockte Toulet einen Ausruf der Bewunderung – was alles besagt. Doch im großen und ganzen sind wir weit entfernt von den künftigen Meisterwerken und auch von den *Promenades* und *Vanina Vanini*, die bereits geschrieben waren.

»Die Stunde der Kürassiere«

Da Stendhal ein Bewunderer Napoleons war, erlaube ich mir, über diesen Abschnitt meiner Arbeit eine Redewendung des Kaisers zu setzen. Wenn auf dem Schlachtfeld alle ihre Ausgangsstellungen eingenommen, wenn die Artillerien die erforderlichen Vorbereitungen abgeschlossen hatten, wenn die Nachhut versammelt war, wenn der Feind Anzeichen von Unruhe erkennen ließ, dann pflegte Napoleon zu sagen: »A présent c'est l'heure des cuirassiers«; das ist der Augenblick, den vollen Angriff zu starten, der in Kürze zum Sieg führen wird.

Für Stendhal schlug die »Stunde der Kürassiere« im Augenblick der Revolution von 1830. Sie veränderte seine Lebensgrundlagen. Seine Ideen waren bestens geeignet, sich unter der Regierung der Restaurationszeit unbeliebt zu machen: er war Liberaler, Republikaner, Bonapartist und Antiklerikaler. Alle vier Eigenschaften galten bis 1830 als negativ, obwohl sie sich gegenseitig in wenig widersprachen. Mit der Julimonarchie verwandelten sie sich in vier Trümpfe. Die Revolution hatte *ihre* Männer an die Macht gebracht: Thiers, um nur einen von ihnen zu nennen, ähnelte verteufelt einem Julien Sorel, der auf die Schüsse am Ende verzichtet.

Stendhal wurde sofort zum französischen Konsul in Triest ernannt, einer Stadt, die er verabscheute und die er auf Drängen der Regierung in Wien rasch wieder verlassen mußte. Man versprach ihm das Konsulat in Palermo, gab es ihm aber nicht. Statt dessen entsandte man ihn nach Civitavecchia, das er »langweilig wie die Pest« fand, wo er aber bis zu seinem Tode blieb. »Blieb« allerdings nur dem Buchstaben nach, in Wirklichkeit hielt er sich dort sehr selten auf. Er lebte in Rom und zeigte sich einmal im Monat in den Büros des Konsulats. Er beantragte und erhielt auch mehrfach für längere Zeit einen bezahlten Urlaub (einmal für insgesamt drei Jahre), den er dazu benutzte, in Paris, in Frankreich und in Italien seinen Leidenschaften nachzujagen. Alles in allem also ein mehr als durchschnittliches Beamtendasein. Doch der relative Wohlstand, den sein Gehalt ihm verschaffte, bot ihm die Möglichkeit, sich der literarischen Lohnarbeit zu entledigen und sich ganz dem Schreiben der Romane zu widmen, die seinen Ruhm begründen sollten. Während seiner halb diplomatischen Reisen schickte er seine »Kürassiere« in die Schlacht. Er befand sich in Triest, als *Le Rouge et le Noir* erschien.

Eine Aufforderung, *Le Rouge et le Noir* zu bewundern, erübrigt sich im Jahre 1955. Der Roman ist längst vom menschlichen in einen göttlichen Rang übergegangen und alle, Gläubige wie Skeptiker, verneigen sich vor ihm. Immer noch aktuell erscheint mir dagegen eine Begründung, warum man ihn bewundern muß.

Einige Gründe, die uns zwingen, ihn hochzuschätzen, habe ich bereits genannt. Andere lassen sich nur schwer in Worte fassen, und wer sie nicht ahnt, wird eben weiter im Tempel heuchlerische Gebete voller geistiger Reserviertheit sprechen müssen.

Da es sich also erübrigt, noch einmal ein Loblied auf Stendhals geniale Begabung als Dichter, als Ergründer von Seelenregungen und als Beschwörer von Milieus zu singen, bleibt mir nur die Aufgabe, die Technik zu untersuchen, deren er sich bedient, um seine Fähigkeiten umzusetzen. In der Kunst bedeutet offenbar die Fähigkeit der Mitteilung alles. In einem Roman werden uns vor allem die Darstellung der Zeit, die konkrete Form des Erzählens, die Zeichnung des Milieus und die Dialogführung interessieren müssen. Das sind immerhin Fakten, die sich analysieren lassen. Es ist, als ob man ein Uhrwerk auseinandernimmt. Sobald man die Federn, Zahnräder, Verschlüsse, Schrauben und Zäpfchen in der richtigen Reihenfolge vor sich hat, begreift man, wie die Bewegung zustandekommt. Man kann auch versuchen, die Uhr wieder zusammenzubauen, und sie wird in Gang kommen, sofern…, ja, sofern man über eine eigene Zeit verfügt, die die Zeiger anzeigen können. Doch bei der Erfüllung dieser Voraussetzung kann niemand helfen, sie ist gegeben oder auch nicht.

Doch betrachten wir nun die Räder des Mechanismus aus der Nähe.

Da ist vor allem das Problem der Zeit – die erste Schwierigkeit, mit der jeder Romancier sich gleich zu Beginn konfrontiert sieht. Die Lösung dieses Problems erfordert die Anwendung einiger Kunstgriffe. Durch Verzögerungen im Erzählrhythmus muß beim Leser die Illusion geweckt werden, daß in den wenigen Tagen, die er zur Lektüre des Buches braucht, Jahre verstrichen seien. Ein unvergleichlicher Meister in dieser Kunst der Verzögerung ist Tolstoi. Man liest *Krieg und Frieden* in höchstens einer Woche, aber das Gefühl, es seien zehn Jahre verstrichen, wie es die Handlung will, ist klar und deutlich vorhanden. Die Beschreibung der fortschreitenden Entfremdung zwischen Anna und Wronski umfaßt etwa fünfzig Seiten, man liest sie in knapp einer Stunde, doch der Leser, sofern er nicht dickfellig wie ein Nilpferd ist, spürt das langsame Verfließen der Monate, die zur Auflösung der Liebe geführt haben.

Wie kommt dieser Eindruck zustande? Vor allem dadurch, daß man NICHT naiv schreibt »es waren sechs Monate vergangen, in deren Verlauf...« Das sind fahrplanmäßige Auskünfte, die den Intellekt ansprechen, nicht aber die Empfindung. Man muß vielmehr den gleichen Sachverhalt suggerieren mit Hilfe kaum wahrnehmbarer Signale, die an das Unbewußte appellieren. Man lese aufmerksam einige unsterbliche Kapitel aus *Anna Karenina*, und man wird feststellen, mit welch feinem Gespür Tolstoi andeutet, daß eine Episode sich in glühender Sommerhitze abgespielt hat (»Sie trat erhitzt in den Salon und nahm den Strohhut ab«), eine andere in der herbstlichen Regenzeit (»Wronskis Stiefel hinterließen Schlammspuren auf dem Pflaster«), wieder eine andere im winterlichen Schnee (»Die Mütze am Kleiderständer war mit Schneeflocken übersät«). Im Feuereifer der ersten Lektüre (und ein erstes Mal sollte man immer ohne Stift in der Hand lesen, sich mitten hineinstürzen) wird man diese winzigen Details kaum wahrnehmen, da man von der gleichzeitig sich entwickelnden Dialektik der Gefühle ganz gefesselt ist. Doch sie finden im Unbewußten ihren Niederschlag, und sobald man das Buch zuklappt, wird man nicht *wissen*, wohl aber *fühlen*, daß einige Monate vergangen sind.

Die Methode, indirekt und sehr dezent auf den Wechsel der Jahreszeiten anzuspielen, ist die naheliegendste. Andere sind sehr viel raffinierter: der Gebrauch des Imperfekts, das den Eindruck einer unbestimmten Kontinuität erweckt, Anspielungen auf körperliche Veränderungen, Feiern von stehenden Festen und vieles andere mehr. Und alles dies sollte um Himmels willen nur zart angedeutet sein, denn *in Erinnerung rufen* heißt hier soviel wie *nicht merken lassen*...

Es gibt aber offensichtlich auch eine entgegengesetzte Verfahrensweise, die der Beschleunigung, die auf der gleichen Technik beruht, jedoch im umgekehrten Sinne. Durch die Verschmelzung dieser beiden Techniken macht sich der Romancier (der epische oder der dramatische Dichter) zum Herren der Zeit. Und wenn der Leser feststellt, daß in *Anna Karenina* (in der *Education* oder in den *Malavoglia*) »alles schön und scheinbar lebendig ist«, so ist dieser unbeholfene Ausdruck ein Lob der Kunstfertigkeit, mit der der Autor die Wahrheit »a priori« – die Zeit – auszudrücken wußte.

Diese Fähigkeit, die Zeit zu verwandeln, ist das Hauptvermögen, (wenn auch, wohlgemerkt, nicht das einzige) jedes großen Romanciers und epischen Dichters; das einzige, ohne das alle anderen Vermögen der Einbildungskraft hinfällig werden. Es ist nicht hinreichend, aber unabdingbar. Die *Odyssee* dauert zehn Jahre, die *Education* umfaßt de facto dreißig Jahre, im *Don Quijote* ist die Darstellung der Zeit faszinierend und von sehr eigentümlicher Art, die eines unablässigen, aber nicht bewegungslosen drückenden Niedergangs. Im *Enlèvement de la Redoute* vermitteln die drei Sekunden, die die Handlung in Wirklichkeit dauert, den Eindruck einer langen Periode der Angst und der Wut.

Im Gegensatz dazu ist die absolute Unkenntnis des Zeitproblems bei Ariost Ursache eines der nicht wenigen Mängel des *Furioso*. Man weiß nicht, ob die Handlung einen Nachmittag oder zwanzig Jahre dauert; oder, genauer gesagt, man weiß es nur aufgrund ausdrücklicher Erklärungen, die den Intellekt ansprechen und die Empfindung unberührt lassen; kurzum, man weiß es eben nicht.

Doch wir haben uns sehr weit von *Le Rouge et le Noir* entfernt. Der schöpferische Umgang mit der Zeit in diesem Buch gehört zu den glänzendsten Leistungen der Literatur (für die *Chartreuse* gilt das nicht minder). Es gibt hier nicht die Verzögerungstechnik von *Krieg und Frieden*, sondern das Gegenteil, eine permanente Beschleunigung. Die Dauer der *tatsächlich* erzählten Handlung ist *kürzer* als die Zeit der Lektüre, und daraus ergibt sich die Notwendigkeit, die Expressivität ständig anzuspornen, so daß sie wie ein echtes Rennpferd voranstürmt. Stendhal mußte diesem zeitlichen Zwang zuliebe vieles opfern, und so gingen einige kostbare und vielleicht notwendige introspektive Seiten verloren. Durch den großartigen Rhythmus jedoch wird alles kompensiert. Das ganze Buch bewegt sich geradlinig und pfeilschnell voran. Es gibt darin nur einen einzigen »Rückgriff«.

Auch ein anderes schwieriges Problem ist aufs beste gelöst, das Problem des Erzählers. An anderer Stelle hatte ich bereits die Skrupel der älteren Schriftsteller hinsichtlich der Legitimität ihres Wissens um die Gefühle der Figuren erwähnt. Man glaubte, diese Skrupel durch den Rückgriff auf die Briefform ausräumen zu können; sie verzögerte die Handlung und bot die Möglichkeit, ohne Schwierigkeiten in die Breite zu gehen. Andere bevorzugten die Erzählung in der ersten Person. Sie erlaubt großartige Vertiefungen, doch nur für die Hauptfigur des Erzählers: *Adolphe* und *Dominique* sind hierfür berühmte Beispiele. Wieder andere, wie Proust, erzählen in der Ich-Form, halten sich aber für fähig, auch die Gedanken aller übrigen Figuren zu deuten. Proust gelang dies, weil er ein Genie war, aber die Methode steckt voller Gefahren und Lächerlichkeiten.

Stendhal wählte den kürzesten und stolzesten Weg: den Weg, den man, vereinfacht gesagt, als die Methode bezeichnen könnte, die Geschichte durch Gott erzählen zu lassen. Stendhal kennt in der Rolle der Gottheit die geheimsten Gedanken aller seiner Figuren, und er enthüllt sie dem Leser, indem er ihn an seiner Allwissenheit teilnehmen läßt. Nichts bleibt im Dunkeln, nur das, was nicht eigens ausgesprochen werden soll, um die gefühlsmäßige Wirkung zu steigern.

Zu Beginn wird der Roman aus einer indirekten Perspektive erzählt. Das verächtliche Leben von Verrières, die Person Monsieur de Rênals und die niederen Interessen, die um ihn herum aus dem Boden schießen, sind durch einen Zeugen gesehen, der nicht unparteiisch ist, der aber außerhalb der Handlung steht. Doch sobald Julien die Bühne betritt, erscheint die Welt aus seiner Perspektive. In der großen Szene seines Wutausbruchs ist allerdings Monsieur de Rênal das Zentrum der Beobachtung des Universums. Im Unterschied dazu ist seine

Frau so einfach, daß ihre Freundin und ihr Geliebter ihre Gedanken leicht erraten können. Im zweiten Teil, der in Paris spielt, wird die Welt abwechselnd aus der Perspektive Juliens und Mathildes gesehen. In einer Szene (im Kapitel XVII oder XVIII, glaube ich) werden wir innerhalb weniger Zeilen aus der geistigen Welt des einen in die des anderen versetzt, in einem Dialog, der ohne Vorläufer und Nachfolger geblieben ist, einem Dialog, in dem sich zwei Seelen gänzlich entblößen, aber nicht durch Worte, sondern durch ihre Gedanken, die im Stil kommentierender Fußnoten wiedergegeben sind.

Keine Figur ist so nebensächlich, daß sie nicht momentweise zum Zentrum der Beobachtung werden könnte: der Abbé Pirard, Monsieur de la Môle, sogar Kosaroff, und zwar immer dann, wenn die Figur zum Kanal wird, den der Fluß der Handlung durchströmt.

Manche Figuren, Monsieur Valenas, um nur einen zu nennen, erscheinen nie aus der Innenperspektive; doch hat das seinen Grund darin, daß ihnen jede Innerlichkeit abgeht. Sie sind nur Objekte, niemals Subjekte. Dies gilt jedoch nur für wenige.

Das Ergebnis dieser unglaublich subtilen Technik (die zum größten Teil unbewußt bleibt: »Man soll sich immer über die Geschicklichkeit seines Unbewußten wundern«, wie Freud sagt) ist die vollkommene Einheit von Autor und Leser. Letzterer ist kein Fremder mehr, der die Handlung von außen betrachtet, sondern er ist stets ein Mitakteur des Geschehens.

Eine solche Wirkung wird fast immer durch den »inneren Monolog« erreicht. Diese Technik, die Proust,

Joyce und Virginia Woolf zu höchster Vollendung ihrer Möglichkeiten führen sollten, wird von Stendhal mit klassischem Gefühl für das Maß eingesetzt und ist unerläßlich, um die Handlung nicht zu verzögern und doch ihre Motive aufzudecken. Das klingt einfach, ist es aber nicht. *Le Rouge et le Noir* ist vor allem lyrischer Ausdruck und ein psychologisch-analytischer Roman, aber auch ein Zeitgemälde und ein Buch der gedrängten Fakten. Die Zwänge, die aus letzterem entstehen, tauchen bei den drei oben genannten Autoren nicht auf. Die Erfordernisse der Handlung zwingen zur Konzentration der »inneren Monologe«, was bei den Autoren, die dieses Ausdrucksmittel zum Selbstzweck erhoben haben, nicht der Fall ist. Die Handlung im *Ulysses* zum Beispiel dauert vierundzwanzig Stunden, ist simpel und in herkömmlicher Weise aufgebaut. Aber die Lektüre erfordert trotz der großartigen Konzentrationsanstrengungen von Joyce mindestens das Fünffache an Zeit. Seine Konzentrationsbemühungen sind freilich verbaler Art, während Stendhals Bemühung auf eine substantielle Verdichtung seelischer Zustände abzielt. Von jedem dieser Zustände beläßt er nur das Wesentliche und filtert es anschließend noch durch seinen Stil, einen der knappsten, die es gibt. Die »inneren Monologe« sind äußerst kurz, nur einige Zeilen lang. Die Verbindung zwischen ihnen und der übrigen Erzählung bilden indirekte Sätze, die so etwas wie gleitende Übergänge vom einen zum anderen Darstellungsmodus schaffen. Auf diese Weise bleiben dem Leser ruckartige geistige Bewegungen erspart, wie sie im Briefroman beim Übergang von einem Brief zum nächsten, oder im modernen Roman beim Übergang von einem zehnseitigen inneren

Monolog zur direkten Handlung vorkommen. Der Leser nimmt den rhythmischen Wechsel des Ausdrucks erst bei einer zweiten, bewußt aufmerksamen Lektüre wahr. Der Fluß der Erzählung bleibt intakt.

Im Verlauf eines Romans, zumal wenn sich in ihm spannende psychologische Analysen mit einer gedrängten Handlung verbinden, muß man dem Leser auch Augenblicke des Verweilens gönnen. Die Lektüre beansprucht natürlich immer weniger Zeit als das Schreiben eines Romans, aber selbst wenn der Autor für sich selbst die Notwendigkeit des Ausruhens nicht bedacht hat, sollte er nicht vergessen, daß der Leser auf sie angewiesen ist. Fände dieser nicht eine Oase zum Verweilen, würde er das Buch im falschen Augenblick zuklappen und es erst dann wieder aufschlagen, wenn die Energie zur Konzentration verflogen ist. Jeder Autor längerer Werke gesteht diese Ruhepausen zu: Homer mit seinen eingeschobenen Episoden, Dante ständig, Ariost, seiner rohen Technik entsprechend, indem er eine Erzählung auf dem Höhepunkt abbricht, um sich anderen Flausen zu widmen, die dann ihrerseits wieder unterbrochen werden. Cervantes und Madame de Lafayette schieben Geschichten zweiten Grades ein, Richardson und Thackeray ergreifen selbst anstelle ihrer Figuren das Wort.

Auch die Einteilung in Kapitel oder Gesänge bei Romanen und epischen Gedichten dient diesem Zweck. Das Kapitelende zeigt einen Moment an, wo der Leser einhalten kann, ohne Gefahr zu laufen, den Zauber zu zerstören. Im allgemeinen sind sich die Autoren dessen aber nicht bewußt.

Auch Stendhal führt Ruhepunkte in die Handlung

ein, doch sind diese so beschaffen, daß sie notwendig zur Handlung gehören und nicht der Ablenkung dienen. Das Gefühl der Ruhe wird durch einen einfachen Wechsel des Tonfalls herbeigeführt. Die Geronimo-Episode, das großartige Intermezzo des Seminarlebens (nur am Rande sei vermerkt, daß es dem Autor selbst Bewunderung entlockte, der an den Rand eines Exemplars schrieb: »Le séminaire: *very* well!«), die Fronleichnamsprozession, bei der Julien mit noch naivem Macchiavellismus den Machenschaften Chas-Bernards auf die Spur kommen will, der sich aber als ein gutmütiger alter Dummkopf herausstellt, die Balgerei im Café von Besançon, der Schneider, der für Juliens Anzüge Maß nimmt, die Gestalten von Beauvoisis und Kosaroff und viele andere bieten dem Leser die erforderliche Gelegenheit zur Entspannung, sind aber zugleich auch notwendig für den Fortgang der Handlung und die Zeichnung der Charaktere (zwei Dinge, die bei Stendhal in Wirklichkeit eins sind). So läßt das Seminar Juliens psychologischen Zustand schärfer hervortreten, Chas-Bernard wird ihn in seiner Karriere unterstützen, Geronimo dient ihm bei seiner geheimen Mission als »Versuchskaninchen« und Beauvoisis wird ihm den Eintritt in die Gesellschaft als sozial Gleichgestellter erleichtern. Wir haben es nicht mit müßigen Ablenkungen zu tun, sondern es werden Fenster geöffnet, um frische Luft in ein Milieu zu bringen, das ständig gleichbleibt.

Damit wären wir beim Milieu. Stendhal verfügt nicht über die nötige Präzision, um Gebäude und Möbel in der minutiösen Art eines Filmregisseurs zu beschreiben, eine Fähigkeit, die Balzac für große poetische Wirkungen zu nutzen wußte. Doch er deutet diese Gebäude und diese Möbel an, wobei das »Wie« mir in den meisten Fällen unklar bleibt. Wenn Julien im Seminar Ausgang hat und dabei in Madame de Rênals Zimmer eindringt, haben wir unmißverständlich das Gefühl von Dunkelheit, Schwüle, Abgeschlossenheit und schlechter Luft, doch weshalb, wüßte ich nicht zu sagen. Die bedrückende Prachtentfaltung des Hôtel de la Môle wird mit Worten beschrieben, doch es sind insgesamt nur fünf (»weite Salons, vergoldet und traurig«). Die Orte allerdings, die den Schauplatz der Hauptepisoden bilden, werden überhaupt nicht beschrieben, sondern sind aufgrund einer bereits früher vorgenommenen einfachen Darstellung gegenwärtig. Wenn dann später die Szene dort stattfindet, kann der Leser auf das Erinnerungsbild zurückgreifen, das er sich zuvor gemacht hat, bisweilen sehr lange vorher, und er erspart sich damit die doppelte geistige Anstrengung, die erforderlich ist, wenn man sich im Geiste eine Szenerie ausmalen und gleichzeitig den Fortgang einer der komplexesten Episoden des Romans verfolgen will.

Kurzum, die Schlüsselszenen des Romans spielen niemals in einer Umgebung, die man nicht bereits vorher kennengelernt hätte. Die Kirche von Verrières zum Beispiel, der Schauplatz von Juliens Verbrechen, wird uns gleich zu Beginn des Buches vorgestellt, übrigens mit einem leichten Anflug von Unheimlichkeit. Der Schluß des 8. Kapitels des ersten Teils bereitet uns auf die nachfolgende Szene vor, die berühmte Szene, in der Julien unter der Linde Madame de Rênal die Hand drückt. In der nirgendwo beschriebenen Bibliothek des Hôtel de la Môle (doch wird sie tatsächlich nie beschrieben? Es gibt da ein bestimmtes von Büchern verstelltes Türchen, das eine gewisse symbolische Bedeutung gewinnt) spielen sich zunächst nebensächliche Episoden ab, bei deren Lektüre der Leser jedoch gezwungen ist, sich eine innere Vorstellung von dem Ort zu bilden, was ihm später ermöglichen wird, die Stürme zu lokalisieren, welche Julien und Mathilde am gleichen Ort entfesseln. Und selbst der Garten der de la Môle wird uns zunächst in einigen Gesprächen vorgeführt. Kurz, Stendhal vertraut bei der Beschwörung des Ambientes ganz auf die Einbildungskraft des Lesers, doch er kommt dieser Einbildungskraft zu Hilfe, indem er entsprechende Hinweise vorausschickt, noch bevor die inneren Vorstellungsbilder tatsächlich gebraucht werden.

Es ist mir klar, daß ich mich nicht voll und ganz verständlich machen konnte. Aber ich bin eben nicht Stendhal.

Die Umgebung eines Konfliktes besteht jedoch nur zu einem geringen Teil aus Landschaften und Gebäuden. Die Umgebung wird in erster Linie von Menschen, Institutionen und Gebräuchen gebildet. Diese Faktoren interessieren Stendhal viel mehr und werden auch expliziter dargestellt, stets anhand winziger, wenn auch bedeutsamer Details, die nie eigens betont sind. Die Engstirnigkeit der Provinz, das Gefühl ständigen Mißtrauens im Seminar, die Frivolität einiger mondäner Milieus und die Intrigensucht anderer werden in der Darstellung dermaßen offensichtlich und prägen sich so tief ins Gedächtnis ein, daß sich Beispiele hierfür erübrigen.

Der Dialog der Personen in *Le Rouge et le Noir* beruht auf einer derart raffinierten Technik, daß man sie auf den ersten Blick gar nicht bemerkt. Man wird dort vergebens den Fehler zahlreicher Romane suchen (darunter einige der größten!), der darin besteht, das Innere der Figuren durch ihre Reden offenlegen zu wollen. Tatsächlich kommen derartige verbale Enthüllungen im Leben kaum vor. Den Charakter der Menschen verstehen wir meist aus ihren Handlungen, ihren Blicken, ihrem Gestammel, aus der Art, wie sie ihre Finger verschränken, aus ihrem plötzlichen Schweigen oder Sprechen, aus der Farbe ihrer Wangen oder dem Rhythmus ihrer Schritte, fast nie dagegen aus ihren Reden, die stets schamhafte Masken und Fassaden ihres Inneren sind. Stendhal hat dies vollkommen begriffen: *Es gibt bei ihm keine einzige berühmte Dialogstelle.* Hauptfiguren sind gerade diejenigen, deren Worte am wenigsten direkt wiedergegeben werden. Wenn Julien sich weigert, Elisa zu heiraten, erhalten wir von seiner Antwort nur eine Zusammenfassung. Wenn er selbst Monsieur de la Môle bittet, das Haus verlassen zu dürfen, um seiner Liebe zu entkommen, erfahren wir nur die Antwort des alten Herrn. Soweit wie irgend möglich geht Stendhal der direkten Rede aus dem Weg. Er bevorzugt den Bericht aufgrund der versteckten Möglichkeiten zu kommentieren und das Gesagte *richtigzustellen* – eine Technik, die sich einem so geschickten Schriftsteller wie ihm geradezu anbietet.

Der Dialog ist aber nicht nur in dieser Weise meisterhaft gestaltet, weil Aussage und psychologischer Kommentar zur Einheit verschmelzen, sondern er gewinnt auch, wie ich bereits sagte, durch den Hinweis auf Gesten, Körperhaltung und Tonfall an Bedeutung. Alle diese Dinge sind von großer Wichtigkeit. Die Kapitel VIII und IX des zweiten Teils zeugen in dieser Hinsicht von einer bewunderungswürdigen Meisterschaft, ebenso wie zahlreiche andere Passagen, besonders das Gespräch zwischen Julien, Altamira und Don Diego Brutos.

Diese zu lang geratene Abhandlung über einige technische Aspekte von *Le Rouge et le Noir* war sicher langweilig und könnte überflüssig erscheinen. Ich selbst bin allerdings nicht dieser Ansicht. Erstens und vor allem deshalb, weil in der Kunst die »technische« Ausführung alles bedeutet, ist doch der Künstler nichts anderes als ein Kerl, der sich auszudrücken weiß. Ferner, weil ich bereits über die großartigsten Motive von *Le Rouge et le Noir* (die eben aufgrund dieser Technik hervortreten), wenn auch nicht voll befriedigend, gesprochen habe und weil das, was ich hier nun schreibe, auch auf andere Werke Stendhals, insbesondere auf die *Chartreuse* zutrifft. Drittens schließlich, weil ich glaube, daß dieser technischen Fertigkeit viele negative moralische Urteile, die über diesen Roman gefällt worden sind, zuzuschreiben sind.

Bereits bei der Veröffentlichung waren viele empört über die moralische Indifferenz des Autors. Als dann fünfzig Jahre später Stendhal plötzlich seine heutige Berühmtheit erlangte, waren noch immer viele entrüstet über die Apologie eines skrupellosen Arrivismus, über den Mangel an »Herz«, den sie in diesem »Monstrum« von Julien Sorel zu entdecken glaubten. Noch kürzlich sagte mir jemand, in *Le Rouge et le Noir* sei die Teufelskralle zu spüren.

Vielleicht bin ich an den Anblick dieser verwerflichen Kralle bereits so gewöhnt, weil sie mir aus jedem Winkel meines Gesichtsfeldes in die Augen springt. Tatsache ist, daß ich mich bei der Lektüre von *Le Rouge et le Noir* nie übermäßig moralisch entrüsten konnte. Julien Sorel erschien mir stets, das ist wahr, als ein allzu ehrgeiziger junger Mann, allzu geneigt, am Rockzipfel seiner Geliebten nach oben zu kommen, doch alles in allem nicht schlimmer als viele Gestalten, die wir kennen. Gemessen an Dorian Gray, dann an Lafcadio oder Morel oder auch an Reverend Slope ist er geradezu ein kleiner Engel. Ich sehe das »Übel«, aber keine außergewöhnliche Bosheit. Er ist ein durchschnittlicher Mensch, ungewöhnlich ist an ihm allein die Tatsache, daß er beispielhaft die Energien einer ganzen Generation von Aufsteigern verkörpert. Und mehr noch: Ich erkenne an ihm einen pathetischen Zug und bei seinem Schöpfer die Absicht, uns auf die Verantwortung der geschichtlichen Situation für seine Fehltritte hinzuweisen.

Unleugbar ist jedoch, daß der Eindruck des ausgeprägten Immoralismus der Romanfigur zu weit verbreitet ist, um eine völlige Fehlinterpretation zu sein. Meines Erachtens handelt es sich um eine Mißdeutung, die eben auf der besagten, einzigartig vollkommenen Darstellungstechnik beruht.

Kleine Schufte wie Julien gibt es zu Tausenden im Leben und zu Dutzenden in der Kunst. Doch gehört er zu den ganz wenigen, die technisch so dargestellt sind, daß dem Leser seine ganze – übrigens banale – Bosheit sonnenklar wird. Ein um das zehnfache vergrößerter Floh erscheint uns als apokalyptisches Ungeheuer; wir können die Optik bewundern, doch der Floh bleibt das gleiche, relativ unschädliche Insekt, das er immer war. Wir haben es nicht mit einem Monstrum zu tun, sondern mit einer monströs lebendigen Figur, sehr viel lebendiger als die Personen aus Fleisch und Blut, denen wir auf der Straße begegnen und denen wir täglich, ohne Sympathie, aber auch ohne Entsetzen, die Hand schütteln. Stendhals Technik gelingt es, Julien in den Augen des Lesers gänzlich zu entblößen, den gleichen Julien übrigens, der in den Augen der anderen Figuren nicht wenige Vorzüge und Tugenden besitzt. Und jede Form der Nacktheit, außer der des Praxiteles, ist abstoßend. Ohne sie allerdings läßt sich die Anatomie nicht begreifen.

Es gibt noch einen anderen Einwand gegen *Le Rouge et le Noir*, der schwerer wiegt, weil er künstlerischer Natur ist. Viele Leser – und zwar keineswegs Durchschnittsleser – fühlen sich durch Juliens Ende verwirrt, finden es psychologisch ungerechtfertigt, technisch nachlässig und ästhetisch mißlungen. Diese Ansicht bleibt mir unbegreiflich.

Die Krise des Buches, seit der Ankunft von Madame de Rênals Brief, erscheint mir als die unausweichliche Folge des Charakters und der Handlungsweise von Julien. Wie hätte sie anders aussehen können? Der Schluß des Buches ist in meinen Augen sein größter Vorzug, und ich habe auch bereits zu begründen versucht, warum. In ihm finden wir nicht nur die Situation logisch gelöst, wir erkennen auch die geniale Ehrlichkeit Stendhals, der von dem Augenblick an, in dem Julien *fündig* wird, jedes Interesse an ihm verliert. Der Autor beeilt sich, seine Figur umzubringen, um sich ihrer zu entledigen. Ein Schluß von beispielloser Tragik. Daß Stendhal sich nicht die Mühe gemacht hat, seine Gründe darzulegen, scheint mir zwei Ursachen zu haben: zunächst einmal schrieb er erklärtermaßen für die einfühlsamen »happy few« und nicht für Leute, die Erklärungen nötig haben; zweitens brauchte er nichts zu erklären, da das Faktum durch den Umstand gerechtfertigt war, daß es DEN TATSACHEN entsprach. Berthet hatte sein Verbrechen aus eben denselben Gründen und unter den gleichen Umständen begangen wie Julien. Was gibt es da noch zu erklären?

Die nicht wenigen Seiten, die auf Juliens Verbrechen folgen, sind einzig in ihrer Art: Die Welt wird nicht mehr durch Julien gesehen, sondern durch ein gleichgültiges, farbloses X. Wie hätte auch Julien noch etwas empfinden können, wo er doch für den Autor bereits tot war. Nur sein Körper ist noch am Leben, und er ist es auch, der sich von der »schlechten Luft« des Gefängnisses belästigt fühlt. So tot ist Julien, daß man nicht einmal erfährt, daß er durch eine Hinrichtung stirbt. Von seinen letzten Augenblicken ist die Rede und von seiner Leiche. Sein Tod wird mit keinem Wort erwähnt.

Hier haben wir einen der typischsten Fälle von Stendhals »Aussparungstechnik« vor uns. Lesen wir nach.

Am letzten Tag unterhält sich Julien mit seinem Freund Fouqué. »Die guten Pfaffen von Besançon machen Geld aus allem: Wenn Du es also richtig anstellst, werden sie Dir auch meine sterbliche Hülle verkaufen.«

»Fouqué brachte dieses traurige Geschäft zustande. Er verbrachte die Nacht allein in seinem Zimmer an der Seite der Leiche seines Freundes, als er zu seiner großen Überraschung...« und so weiter.

Der ungestüme, schöne, lebenssprühende Julien verwendet seine letzten Worte darauf, einem Freund zu erklären, wie seine Leiche auszulösen ist.

Es wäre unnütz, das Pathos dieser Situation einem Menschen zu erklären, der es nicht aufgrund eigener Sensibilität bereits von selbst begriffen hat.

Die *Mémoires d'un touriste* sind 1838 entstanden. War Stendhal schon in seiner Jugend nicht in der Lage, ein ganz aus Reflexionen bestehendes Buch zu schreiben (das halbe Fiasko von *De l'Amour* ist der Beweis), so stelle man sich vor, wieviel weniger es ihm jetzt gelingen konnte, wo er über mehr Ideen verfügte, aber auch die romanhafte Gestaltung von Gefühlen »aux délices« genossen hatte. Mehr denn je mußte er auf sein altes Verfahren zurückgreifen, Ideen an einer Erzählung festzumachen.

Die *Mémoires d'un touriste* sind ein ganz nettes Buch, aber sie stehen doch etwas unter den *Promenades*, soweit sie sorgfältig komponiert sind (mit Vorabinformationen, Textkorrekturen usw.) und oft die übermenschliche Nonchalance seiner ersten Reisebücher vermissen lassen. Sie sind etwas am Schreibtisch zusammengebastelt; die Ideen, die Stendhal seiner Reise »aufsetzen« wollte, sind ein wenig zu gewichtig für diesen zierlichen Aufhänger; und bei einigen handelt es sich tatsächlich um Ideen, nicht um Empfindungen, Stendhals eigentliches Jagdrevier. In den *Mémoires d'un touriste* will der Autor zuviel beweisen: den Wert der Latinität, die Bedeutungslosigkeit des Mittelalters (das für ihn die Inkarnation eines verabscheuungswürdigen Klerikalismus war), die hervorragenden Qualitäten der napoleonischen Verwaltung, die Minderwertigkeit der Franzosen (als Menschen, nicht als Bürger) gegenüber den Italienern und die Notwendigkeit einer urbanistischen Politik. Die beiden letzten Themen sind am besten (das heißt am schmackhaftesten) behandelt, eben weil sie in engerer Beziehung zur sinnlichen Wahrnehmung stehen.

Die Anekdoten sind natürlich der lebendigste Teil des Buches und werden mit der alten Meisterschaft erzählt. Einige von ihnen verdienen es, unsterblich zu werden; oft sind sie an den unpassendsten Stellen eingefügt und erscheinen nach der Lektüre wie höchst temperamentvolle Fußnoten zu den abstrusesten Gedankengängen.

Trotz allem jedoch hinterlassen die *Mémoires d'un touriste* (das letzte Wort ist eines der zahlreichen Wörter, die Stendhal aus dem Englischen in die französische Sprache eingeführt hat) ein Gefühl von Traurigkeit. Man ist versucht zu glauben, der Autor sei gealtert und »bürokratisiert«, aber natürlich hätte man unrecht. Die *Chartreuse* sollte erst noch entstehen.

Das Entstehungsdatum der *Chroniques italiennes* ist nicht leicht exakt zu bestimmen. Seit 1833 hatte Stendhal so viel wie möglich von jenen kleinen Faszikeln gesammelt, die in Italien gegen Ende des sechzehnten Jahrhunderts veröffentlicht worden waren und in denen von den großen Tagesprozessen die Rede war. Er hatte auch Freunde beauftragt, sie für ihn aufzuspüren. Seine Vorliebe für ausdrucksstarke Aufgebote der Leidenschaft ließ ihn außer sich geraten. »Wenn Du mir nicht so schnell wie möglich ein paar weitere Broschüren schickst, wird Monsieur Bombosin (d. h. cr sclbst) sich aufhängen«, schrieb er an seinen Freund Colombe. Diese kleinen, liebevoll gebundenen und mit eigenhändigen Anmerkungen versehenen Faszikel werden heute in Paris aufbewahrt.

Die *Chroniques italiennes* sind acht an der Zahl und

wurden in der *Revue des Deux-Mondes* veröffentlicht. Stendhal gab sie nicht als Originaltexte, sondern als Übersetzungen aus, eine Mystifikation in umgekehrter Richtung wie früher, aber gleichwohl eine Mystifikation, denn es handelt sich nicht um Übersetzungen, sondern um Originalwerke, die lediglich von den alten Chronisten angeregt sind. Von diesen acht Chroniken taugen vier (*Vittoria Accoramboni*, *La Duchesse de Palliano*, *San Francesco a Ripa* und *Suora Scolastica*) de facto nicht viel. Stendhal schlägt sich mit dem beengten Rahmen der Novelle herum. Eine, *Vanina Vanini*, von der bereits die Rede war, ist ein Meisterwerk. *Les Cenci* sind erstrangig, *Trop de faveur tue*, wenig geschätzt, gefällt mir persönlich sehr gut. *L'Abbesse de Castro* ist nach *Vanina Vanini* das Juwel der Sammlung, kostbar in sich selbst und kostbar als Vorform der *Chartreuse*.

Les Cenci sind voll und ganz gelungen, weil sie vollkommen auf einem sinnlichen Eindruck aufbauen, dem ästhetisch-sentimentalen Gefühl des Autors vor einem angeblichen Porträt der Beatrice Cenci, das damals sehr berühmt war und Guido Reni zugeschrieben wurde. (Heute hängt es in der Corsiniana und wird kaum beachtet). Das Gesicht dieser jungen Frau »in dem die Leidenschaft in Schmerz umgeschlagen ist«, rührte den Schriftsteller zutiefst, und die Chronik über den Prozeß gegen sie und ihre Brüder diente ihm lediglich als Pentagramm, in das er die Notenschrift seiner Empfindung eintrug.

Trop de faveur tue gefällt mir sehr gut. Ich begreife nicht, warum man darin die Vorankündigung der *Chartreuse* nicht ebenso erkennt wie in der *Abbesse de Ca-*

stro. Die Erzählung ist noch in der Vergangenheit ange-
siedelt, in die die Chronik sie verlegt, doch psychologisch gesehen ist dieser mediceische Hof durch und
durch modern (d. h. Stendhals Zeit gemäß), und die
Langeweile, die sich dort breitmacht, entspricht ganz
und gar der der »Restaurationszeit«. Außerdem sehe ich
in der Erzählung jene »mellowness«, die den unver-
gleichlichen Zauber des zweiten, längeren Teils der
Chartreuse ausmacht (oder ich bilde mir jedenfalls ein,
sie zu sehen).

Bei der *Abbesse de Castro* handelt es sich um eine kla-
rere Vorform. Die Charaktere sind die gleichen wie in
dem großen Werk, nur treten sie schärfer hervor und
sind ausdrucksstärker, so wie das italienische Original
es vorschreibt. Als ein Werk von hohem Rang, entwik-
kelt sich die Erzählung mit der Unerbittlichkeit einer
klassischen Tragödie. Und indem ich dies sage, wird
auch bereits der Unterschied zur *Chartreuse* deutlich,
wo im zweiten Teil die heftigen Leidenschaften, von
sanften Wasserpflanzen wie von Laken umhüllt, in
einem langsamen, trägen Strom des Vergessens dahin-
treiben.

Bekanntlich ist die *Chartreuse de Parme* eine moderne
Umsetzung der Chronik der Vannozza Farnese. Die
Chronik enthält alles, was wir später im Roman wieder-
finden, die Liebe der Tante zu ihrem Neffen, dem Präla-
ten, das Gefängnis, die Flucht, die Vergiftungsversu-
che, kurz alles – außer der *Chartreuse*.

In Wahrheit zerfällt dieser hervorragende Roman –
vielleicht der größte, gewiß aber der liebenswerteste,
der je geschrieben wurde – in zwei Hälften von gleichem

Rang, die sich aber im Ton voneinander unterscheiden. Die erste Hälfte führt uns einen ehrgeizigen, rastlosen und wenig skrupulösen Fabrice vor, einen reichen Bruder Juliens. Und abgesehen von den bewunderungswürdigen ersten dreißig Seiten gleicht die Umgebung der, mit welcher sich Sorel herumschlägt. Dieser erste Teil ist ein absolut erstklassiges Werk, doch auch ein Werk, das bereits einen Vorläufer besitzt.

Der zweite Teil (er beginnt meiner Ansicht nach unmittelbar nach Gilettis Tod) schuldet nichts und niemandem etwas.

Und hier möchte ich Euch vor meinen folgenden Ausführungen warnen. Was Ihr zu hören bekommen werdet, ist mein rein subjektiver Eindruck, ein malerischer oder musikalischer Eindruck, der sich durch die Lektüre eines anderen keineswegs bestätigen muß, ja der sogar durch eine meiner eigenen Lektüren in gewisser Weise widerlegt wird. Um ein Beispiel aus einem Bereich zu zitieren, der Euch am Herzen liegt, erinnere ich an die Sinfonie *Wilhelm Tell*. Einige inkompetente Hörer genießen sie als Darstellung eines Gewitters, nach dem die Sonne wieder durchbricht, andere als ein Pferderennen, eine dritte Gruppe als ländliche Idylle, vorübergehend gestört durch den Zornesausbruch des Volkes, das diese Idylle in Gefahr sieht, sich anschließend aber wieder an ihr zu erfreuen vermag. Und obwohl die Sinfonie weder dem ersten, noch dem zweiten oder dem dritten Eindruck entspricht, wird es Euch nicht gelingen, ungebildeten Zuhörern ihre intuitive Überzeugung auszureden, da sie nicht auf intellektuelle, sondern auf gefühlsmäßige Ursachen zurückgeht, und bei mir, wohlgemerkt, auf solche ästhetischer Art.

Hier muß ich nun bekennen, daß ich zwar weiß und mir darüber im klaren bin, daß die Erzählung der *Chartreuse* nur so strotzt vor schrecklichen Intrigen, ständigen Ängsten und finsteren Figuren (der Herzog, Rassi und vielleicht auch der Graf Mosca), vor unglaublich grausamen Gefängnissen; und doch, obwohl ich dies alles weiß und mir bewußt bin, daß Stendhal all diese Dinge nicht nur dargestellt, sondern auch einer schrecklichen, dokumentarisch belegbaren Wirklichkeit entnommen hat, obwohl ich – ich wiederhole es noch einmal – mir, intellektuell gesehen, all dieser Faktoren bewußt bin, vergesse ich sie bei der Lektüre der *Chartreuse* doch ganz und gar und fühle mich von einer tiefen Ruhe erfüllt, die Heiterkeit und Gelassenheit erzeugt.

Ich liebe Vergleiche und möchte noch einen weiteren anführen, der uns glücklicherweise von den theatralischen Affären der Oper wegführt. Wir alle kennen und lieben Dantes *Purgatorio*. Doch wer von uns kommt schon auf den Gedanken, daß es sich dabei um einen Ort der Buße handelt, an dem die Seelen Qualen erdulden, die denen der Hölle vergleichbar sind? Ich glaube oder hoffe zumindest, daß jeder Leser, wenn er beim letzten Gesang angekommen ist, den Eindruck hat, eine heitere und friedvolle, stets von einer gütigen Sonne beschienene Landschaft durchschritten zu haben. Das gilt dank Dantes Kunst zumindest für den größten Teil der Leser.

Ich weiß sehr wohl, daß Ernest IV. eine unwürdige Gestalt ist, entworfen nach dem Vorbild Francescos von Modena, Franz II. von Österreich und des jungen Carlo-Alberto; ich weiß, daß die Welt und die Hölle voll von »fiscali Rassi« sind, daß der »Turm« in Parma ein Ort der Folter ist, der eines Piranesi würdig wäre und der im übrigen unmittelbar der Wirklichkeit von Rubiera sowie den Erzählungen Pellicos und Maroncellis über den Spielberg nachgebildet ist; ich bin mir bewußt, daß Graf Mosca das vollkommene Abbild jener absolut egoistischen und skrupellosen Minister und Ministerialen darstellt, eine verkleinerte, schlechte Kopie des großen Vorbildes Metternich; ich sehe, mit wieviel Verrat, vergifteten Pastillen und Dolchstößen die Handlung des Romans gespickt ist; mehr noch, ich weiß sehr wohl, daß Stendhal im Leser Empörung über derartige Menschen und Machenschaften wecken wollte.

Ich weiß es, aber ich muß gestehen, es macht mir nichts aus. Meiner Ansicht nach hat Stendhal sein Ziel verfehlt. Er wollte ein Inferno entwerfen und schuf das bewunderungswürdigste dantische Purgatorium.

Die *Chartreuse* quillt über von Dramen, doch sie erscheinen mir wie Felsenriffe in der starken, aber ruhigen Strömung eines klaren Gewässers, das durch sie nicht getrübt wird. Für mich stellt er den Triumph der »Ataraxie« dar. Die Figuren bewegen sich mit himmlischer Gelassenheit, ziehen wie anmutige Schwäne ihre Furchen auf dem Wasser des Vergessens.

Die einzigen unruhigen Geister sind Ferrante Palla und der General Fabio Conti, fast humoristische Figuren. Wenn das große Reservoir sich öffnet, glaube ich das zierliche Rauschen der lieblichen, lächelnden Wasserfälle in der Stille der Villa d'Este zu vernehmen. Und Fabrices halsbrecherische Flucht weckt in mir nur Bewunderung für den Akrobaten und vollendeten Tanzkünstler. Fabrice ist für mich eine Art Nijinski, der sich in schönen Posen gefällt. Und die Qualen, die Reue, die Intrigen der Sanseverina verschwinden ganz hinter ihrer mütterlichen Schönheit und ihrem sanften Lächeln. Graf Mosca ist ein bewundernswerter Edelmann, selbstlos und geistreich. Für mich besteht der größte Triumph der Kunst Stendhals, dieses Verehrers starker Leidenschaften, darin, daß er sein Werk mit diesem Meisterstück beschloß, in dem die Leidenschaft verborgen bleibt und wo statt der gnadenlosen südlichen Sonne von *Vanina Vanini* und *Le Rouge et le Noir* »die seltsame Süße dieses Nachmittags leuchtet, der niemals zu Ende geht«.

Ist es möglich, daß dieser Eindruck nur für mich selbst Gültigkeit besitzt? Ich kenne zu wenige Menschen, die die *Chartreuse* anders als einen Kriminalroman gelesen haben und daher die Einzigartigkeit meines Gefühls überprüfen könnten. Doch selbst wenn mein Eindruck singulär oder höchst ausgefallen ist, beruht er dann auf einer beginnenden Schizophrenie oder auf einer Überbetonung von Ansätzen, die in der *Chartreuse* tatsächlich vorhanden sind?

»Réfléchissons«, wie Mallarmés Faun sagen würde.

Das heißt, lesen wir noch einmal ein beliebig herausgegriffenes Stück, zum Beispiel das Ende des dreizehnten Kapitels im ersten Teil. Nehmen wir zuerst den Satz, der beginnt mit »Il rentra chez lui haletant de fureur« (Vor Wut schnaubend kam er nach Hause – d. Übers.). Von da an geschehen in der Tat schreckliche Dinge. Vor allem sind in jeder Zeile Schnüffler versteckt. Dann stürzt sich Graf M--- auf Fausta, ja, er »zückte seinen Dolch und stürzte sich auf sie«. Darauf folgt die Episode, in der sich Bettina als Mann verkleidet; schließlich verwundet Fabrice noch jemanden, der ihn angegriffen hatte. Als nächstes folgt die große Szene, bei der Fabrice in der Sänfte attackiert wird: »Töte, töte alles, was Fackeln trägt«. Am nächsten Morgen ist das Pflaster »mit so viel Blut bedeckt«. Es folgt das komische Intermezzo (komisch für uns) mit dem rothaarigen Gelehrten, der einen Monat im Gefängnis verbringt, und alles endet mit einer Duellszene vor dem Hintergrund einer halben Bauernrevolte. Nicht einmal auf zehn Seiten der *Mystères de Paris* gibt es soviel Gewalttätigkeit. Und doch habe ich keine Angst, empfinde keinen Abscheu, im Gegenteil, eine Ruhe steigt in mir auf »die eher himmlisch als höllisch ist«. Warum? Über allem liegt eine leise Ironie, angefangen bei jenem »vor Wut schnaubend«, und dann ist da Fabrice, »der sich auf diese Weise selbst gut zuredete«. Die verkleidete Bettina wird als »ein gleichsam mikroskopisches Wesen« bezeichnet. Dann heißt es: »Sie war sehr hübsch, was Fabrice von seinen moralischen Ideen abbrachte«. Kaum ist einer der Schergen durch Fabrice verletzt, »sagt er in ehrfurchtsvollem Ton« zu ihm: »Hochwürden werden mir für diese Wunde eine gute Pension aussetzen.« Nach dem Angriff auf die Sänfte, der »ebenfalls in spöttischem Ton« erzählt wird, »lachte die Herzogin sehr«. Die ganze Episode des inhaftierten »gelehrten Mannes« wird in humoristischer Weise behandelt (»kleine Pistolen zu tragen, ist ein großes Verbrechen«). Auch das Duell selbst wird in »scherzhaftem« Ton erzählt. (»Es handelt sich ganz einfach um ein Duell auf Leben und Tod«). Das Ergebnis dieser Anhäufung schwereloser Worte über ein gewalttätiges Thema, wobei ich sie noch nicht einmal alle angeführt habe, ist ein leichtfüßiges Sich-Dahinbewegen der Erzählung dieser brutalen Fakten.

Und ich schwöre, daß ich die Passage rein zufällig durch Aufschlagen des Buches an einer beliebigen Stelle ausgewählt habe.

Ihr mögt die *Chartreuse* aufschlagen, wo ihr wollt, und ihr werdet feststellen, daß Stendhal stets diesen Ton anschlägt, wenn er von den brutalsten Dingen berichtet – sofern er sie überhaupt erzählt, denn oft läßt er sie nur erahnen. Warum tut er das in einem Werk, das *bewußt* tragisch und »anklagend« sein will? Aus einem recht einfachen Grund: weil die Fakten nicht so erzählt werden sollen, wie sie wirklich *sind*, sondern wie sie dem leichtfertigen Temperament von Fabrice *erscheinen*, der zugleich aber auch mutig und »rüpelhaft« ist, dem Temperament eines »Gesellschaftsmenschen«, der die äußere Welt auf sein eigenes Niveau herunterzieht. Denkt an diese These, und die Lektüre der *Chartreuse* wird Euch ein köstlicheres und, wie ich glaube, auch ein authentischeres geistiges Vergnügen bereiten.

Vielleicht bin ich doch nicht schizophren.

Diese Erzählhaltung ist unglaublich schwierig: Der Autor muß immer in der Haut seines Helden bleiben, und da die Welt ganz mit dessen Augen gesehen wird, sieht auch der Leser alles durch die Brille dieses ernüchterten, sympathischen, anpassungsstarken, aristokratischen und nicht allzu klugen Geistes.

Daraus folgt, daß der Leser die dreißig Jahre, die der Roman dauert, als pures Spiel, als gleichgültig und überflüssig erlebt, wie es dem Träger eines solchen Temperaments entspricht.

Und der Leser wird hineingezogen in das außerordentliche Vergnügen, die Welt so leicht wie in einem Theater zu erfahren, wie Fabrice sie tatsächlich erlebt.

Wieviele Fabrices habe ich gekannt! Leute, die die »Föderalisten«, die tückischsten Präfekten und Gefängniswärter, die finstersten Betrüger, die ausgemachtesten Huren nur von ihrer oberflächlichsten, oft angenehmen Seite wahrnahmen. Durch solche Augen gesehen ist die Welt mit »netten Kerlen« und »lieben Dingern« bevölkert, und wenn ihre vorzüglichen Genossen sich wirklich einmal unleugbar Schwerwiegendes zuschulden kommen lassen, so versuchen sie es stillschweigend zu entschuldigen oder gar die Erinnerung an dieses Verhalten auszulöschen, aus Angst, die harmonische Welt, die sie sich aufgebaut haben, könne in Stücke gehen.

(Mit Nachsicht hat das nichts zu tun.)

Durch eine solche Persönlichkeit sehen wir die trübe und tragische Welt der *Chartreuse*, und der Friede, der ständig in diesen einzigartigen Seelen herrscht, überträgt sich auf den Leser. Kurz: »omnia laevia laeviis«. Einem Herzen, dem der Sinn für Tragik abgeht, erscheint alles komisch.

Das Wunder, das Stendhal vollbracht hat, besteht darin, daß er den Leser von 1838 (und den von 1955) in die Seele eines sympathischen jungen Adeligen versetzt, der sorglos, wollüstig und leicht sentimental nach Art des beginnenden 19. Jahrhunderts ist, und daß er ihn die Schrecken der Gegenrevolution begreifen läßt, soweit dieser dazu in der Lage war.

Die technischen Mittel zur Erzielung dieser Wirkung sind die gewohnten, die ich bereits aufgezählt habe. Die Kunstgriffe, die Zeit spürbar zu machen, dienen nun umgekehrt dem Zweck, das Gefühl eines langsamen

Verrinnens und einer höchst vergnüglichen Langeweile zu erzeugen, wie sie das Sujet verlangt.

Es gibt Werke, bei denen man die Uhr des Genius solange in ihre Bestandteile zerlegen mag wie man will, es bleibt immer ein unerklärbares »Etwas« zurück.

Diese Feststellung gibt mir das Recht, auf eine genaue Analyse der *Chartreuse* zu verzichten.

Ich möchte nur auf einige Episoden eingehen.

Vor allem auf die berühmte Beschreibung der Schlacht bei Waterloo. Sie wird allgemein bewundert, bildet das Gegenstück zu der bekannten Schilderung der gleichen Schlacht bei Victor Hugo und ist an Wirkung den Schlachtbeschreibungen Tolstois vergleichbar.

Dieses Stendhalsche Waterloo verdient in der Tat Bewunderung. Hugos Schlacht ist eine Schlacht aus der subjektiven Sicht eines Dichters, der sich zum Propheten berufen fühlt. Die schrecklich verworrenen Kampfschilderungen Tolstois sind geniale Erinnerungen eines echten Kombattanten. Stendhals Waterloo ist eine Schlacht, wie sie eben von einem Fabrice wahrgenommen wird, den die glückliche Oberflächlichkeit seines Naturells daran hindert, den Ernst der Dinge zu begreifen, und der sogar die Gefahr nur mit Mühe zu erkennen vermag. Für ihn sind die herabfallenden Granaten nur lästige Gegenstände, die viel Schlamm aufspritzen lassen und die Kleider beschmutzen. Kaum zwei Wochen der »Kinderstube« von Grianta entkommen, sieht er nur »Unannehmlichkeiten«, keine Gefahren. Aber gerade auf diesen Seiten beginnt der glückliche Zauber von Fabrice auf den Leser zu wirken.

Die Kapitel über Fabrices Gefangenschaft (das heißt

über seine beiden Gefangenschaften) gehören für mich zu den größten der *Chartreuse*, nicht nur aufgrund ihrer künstlerischen Meisterschaft, sondern auch wegen ihrer geistigen und lyrischen Bedeutung. Nirgends findet Stendhals System des »doppelten Registers« gelungenere Anwendung als hier. Einerseits macht sich ausdrücklich die gewohnte Wirkung der aufheiternden Mentalität des Gefangenen bemerkbar, der die Schrecken für sich selbst in Spiel und für den Leser in friedvollen Genuß verwandelt. Andererseits spürt man tief verborgen den Lyrismus des Autors, der der Welt diese seine geliebte Gegenfigur abgerungen hat. Auf einer dritten Ebene wird die gleiche Absicht deutlich, die Goethe in den *Wahlverwandtschaften* verfolgt, der Wunsch, eine entrückte, artifizielle Welt zu schaffen, in der sich seine geliebten Figuren bewegen.

Durch die geschickte, kontrapunktische Verknüpfung, durch die Verschmelzung und das gelegentliche Auseinandertreten dieser drei Themen sind die vielleicht poetischsten Seiten der französischen Prosa entstanden.

Während ich dies ausspreche, habe ich die Befürchtung, nicht hinreichend deutlich gemacht zu haben, daß nicht nur die mondän-optimistische Weltsicht diesem Buch einen eigenen Ton und eine eigentümliche Leichtigkeit verleiht, sondern daß auch die ganz bittere »Weltanschauung« des Autors als *solche* sehr häufig durchschlägt. Diesem ständigen Motivwechsel ist es zuzuschreiben, daß die *Chartreuse* gleichzeitig so homogen und so abwechslungsreich ist.

Schließlich noch ein Wort über die letzten Seiten des Buches. Von dem Augenblick an, wo wir in der Nacht Clelias Stimme sagen hören: »Tritt ein, Freund meines

89

Herzens« (und später, als ein Engel die Pforten öffnete), betreten wir ein poetisches Elysium, in dem sich die Melancholie in Freude verwandelt, ohne ihre Zurückhaltung und Scham zu verlieren, während die häufig eingestreuten ironischen Worte sie vor jeder Fadheit bewahren. Ganz am Ende schließlich stoßen wir auf die »Chartreuse«, die dem Buch den Titel gab und die vorher nie erwähnt wurde: sie erscheint bereits als Grab, als Zufluchtsstätte einer friedvollen Lust. In der *Chartreuse* stirbt niemand im Ernst, man entfernt sich nur mit unmerklichen Schritten in eine immaterielle Erinnerung.

Nie fand in so alltäglichen Sätzen eine liebenswürdigere und tiefere Poesie ihren Ausdruck. Die *Chartreuse* ist das reinste Wunder der Empfindung und des Stils.

»To the happy few«

Die unvollendeten Werke

Heute ist für uns offensichtlich, daß Stendhal nach der Vollendung der *Chartreuse* nur noch der Tod blieb. Und so kam es auch tatsächlich.

Er selbst freilich war nicht dieser Ansicht. Als ihn in Paris auf der Straße der Schlag traf, hinterließ er zwei in Arbeit befindliche Werke, *Lucien Leuwen* und *Lamiel*. Sie wurden erst vierzig Jahre später veröffentlicht. Das Urteil über diese beiden Werke ist in den Worten »in Arbeit befindlich« bereits enthalten. Zwei Werke dieses größten aller Improvisationsgenies, die sich (und das nicht erst seit kurzem) »in Arbeit« befanden, konnten nicht viel taugen.

Also: Bedauern überflüssig.

Doch dieses Urteil bedarf der Begründung. *Lucien Leuwen* ist, so wie uns das Buch vorliegt, das heißt auf weniger als die Hälfte des vorgesehenen Umfangs verkürzt, trotzdem das längste Werk Stendhals. Es liegen außerdem eigenhändige Notizen zu drei verschiedenen Schlüssen des Romans vor.

Stendhal – und das sage ich, ohne mich dem Urteil der Wünschelrutengänger anzuschließen – mangelte es an der Fähigkeit, einen Plot zu konstruieren. Er brauchte bereits fertige Handlungsentwürfe, die er umgestaltete und belebte, indem er seine Personen, also sich selbst, aus der Erinnerung oder nostalgisch einbrachte.

Im Augenblick der Konzeption des *Leuwen* war die Hauptfigur vorhanden, eine höchst anziehende Person, eine Variante von Fabrice, reich, glücklich, schwerelos, mit einem Rest sorelscher Energie und sorelschen Ehrgeizes dazu, doch kompliziert durch ein moralisches Problem, das sich in *Le Rouge et le Noir* und in der *Chartreuse* nirgendwo stellt, ein Problem, das sich aus der typisch Stendhalschen Form des Egotismus ergibt und das man auf die Formel bringen könnte: »Wie kann ich Achtung haben vor mir selbst?«

Während die Lektüre der Dokumente des Berthet-Prozesses und der Chronik der Vannozza Farnese genügt hatten, den Mechanismus einer Beschwörung der eigenen Persönlichkeit in Gang zu setzen, konnte ein innerer moralischer Zweifel nicht durch äußere Antriebe angeregt werden. Diesmal verlangte die Figur ein selbst geschaffenes inneres Gericht.

Doch dieses wollte dem Dichter nicht gelingen. Er bewegte sich tastend voran, bereute, schrieb noch einmal, brach schließlich ab. Er war am Ende.

Lucien Leuwen führt uns den Stendhal von nach 1830 vor Augen, jünger, schöner, reicher, aber in den wesentlichen Zügen identisch; bis über die Ohren verstrickt, aber wach, mit offenen Augen für die Mängel des neuen, rein bürgerlichen Regimes, auch für die eigenen Defekte, die ihn diesem Regime bereitwillig zustimmen ließen. Und eben in der scharfsinnigen Beobachtung dieser Mängel sowie in der boshaften Zeichnung der oppositionellen Kreise liegen die Stärken dieses unvollendeten Romans, der an durchdringender Lebendigkeit den besten Seiten von *Le Rouge et le Noir* in nichts nachsteht.

Das ist alles sehr gut und hätte völlig ausgereicht, ein Buch zu entwickeln, hätte es einen vorher bestimmten Handlungsentwurf gegeben. Doch der konnte aufgrund der unerwarteten moralischen Problematik nicht »gegeben« sein. Stendhal scheiterte. Er scheiterte im Hinblick auf die innere Rechtfertigungsstrategie Leuwens. Dieser gibt sich mit seinen gesellschaftlichen Erfolgen nicht zufrieden, er will Seelenstärke beweisen, die öffentliche Meinung herausfordern, begeht auch unkorrekte Handlungen und das stets, um sich vor sich selbst zu rechtfertigen. Er selbst unterwirft sich dem Urteil zweitrangiger Figuren, die Teilaspekte seines eigenen Gewissens verkörpern. Develroy zum Beispiel, der als Lucien weit unterlegen dargestellt wird, macht sich zum Richter über ihn: »Was tust Du aus eigener Kraft? Was könnte Dir allein gelingen? Und schließlich: bist Du imstande, Liebe anders als durch Ansteckung zu wecken, durch Tränen, auf ›feuchtem Wege‹?«

Später wird dann Coffe, der Jakobiner, ein noch strengeres Urteil über Lucien fällen: Er tadelt seine Delikatesse, die allzu oft die Oberhand über abstrakte Prinzipien gewinnt.

Und Madame de Chasteller, die Lucien liebt, ist die strengste und am meisten gerechtfertigte Richterin. Sie wiederholt ständig, daß er nur zu lieben glaube, ohne wirklich zu lieben.

Man sieht, die Elemente zu einem Meisterwerk, das *Le Rouge et le Noir* an Tiefe noch überboten hätte, sind vorhanden. Aber sie bleiben Elemente, fertig behauene

Bausteine zu einem Gebäude, das niemals errichtet wurde.

Doch es sind großartig behauene Steine. Die reine und wollüstige Madame de Chasteller gehört zu den großartigsten Schöpfungen Stendhals, an Lebendigkeit mit Madame de Rênal oder der Sanseverina vergleichbar und doch auch gänzlich verschieden. Und die Kapitel über die politischen und administrativen Lehrjahre Luciens besitzen eine Kraft, die sie den berühmten Stellen über das Seminar in *Le Rouge et le Noir* nahekommen lassen.

Einer der vorgesehenen Schlüsse von *Lucien Leuwen* enthielt ein breit angelegtes Gemälde des diplomatischen Lebens in Rom und spielt mit den obligaten Retuschen auf den feurigen »Flirt« des bereits angegrauten Konsuls Stendhal mit Madame de Saint-Aulaire, der Gattin seines Botschafters, an. Doch der eingefleischte Autobiograph mußte feststellen, daß er zu weit gegangen war und daß es kaum korrekt gewesen wäre, derartige Dinge zu veröffentlichen, solange er noch Saint-Aulaire unterstand, der ihn übrigens mit Liebenswürdigkeiten überschüttete. Und diese Tatsache, daß er nicht wußte, was er wollte, war wohl einer der (zweitrangigen) Gründe, die das Werk Schiffbruch erleiden ließen.

Ich möchte noch darauf hinweisen, daß *Lucien Leuwen* unter mehreren verschiedenartigen Titeln veröffentlicht wurde, die Stendhal allesamt zeitweilig in Betracht gezogen hatte: *L'Orange de Malta*, *Le Blanc et le Rouge*, *Le Chasseur vert*, *Le Bois de Prémol* sind nichts anderes als *Lucien Leuwen*, und wer diesen umfangreichen, eminent lesenswerten Entwurf besitzen möchte, kann irgendeines dieser Bücher erwerben. Am besten kauft man *Lucien Leuwen* jedoch in der in Montecarlo gedruckten großartigen Ausgabe von Henri Martineau.

Lamiel ist uns in einer weit weniger ausgearbeiteten Form überliefert. An diesem Werk arbeitete Stendhal, als er starb. Die ersten drei Kapitel liegen vollständig vor und sind eine meisterhafte Schilderung und Deutung aristokratischen Lebens in der Restaurationszeit. Wir kennen den Vorentwurf der Handlung für den gesamten Roman, der höchst interessant gewesen wäre, da ein weiblicher Julien Sorel dargestellt werden sollte: die Geschichte einer ehrgeizigen jungen Frau, schön und voller Verlangen nach Vergnügen in jeder Form, die anfangs sehr erfolgreich ist, schließlich aber willentlich in gesellschaftliche Abgründe stürzt und dort umgebracht wird. Mit seiner Absicht, das Bild dieses weiblichen »Outlaw« zu zeichnen, bewies Stendhal 1839 einmal mehr, wie weit er seinem Publikum voraus war. Erst ein Jahrhundert später sollte mit *La Garçonne* ein ähnliches Projekt verwirklicht werden (und wie miserabel!).

Die unveröffentlichten Werke

Sie sind Legion: zahlreiche Tagebücher, höchst geistreiche diplomatische Berichte, Hunderte von Artikeln,
die vor allem in englischen Zeitschriften erschienen
sind, zahllose, sehr interessante Notizen.

Ich kenne nur fragmentarisch das *Diario*, dessen vollständige Veröffentlichung La Pléiade seit Jahren ankündigt, und werde daher nichts darüber sagen.

Aber es gibt zwei andere Werke Stendhals, unvollen-
dete und nicht zur Veröffentlichung bestimmte, die
zum Bedeutendsten und Bewegendsten gehören, was er
je geschrieben hat: *Souvenirs d'égotisme* und *Vie de
Henri Brulard*.

Egotismus ist ein englischer Begriff, den Stendhal bereits geraume Zeit vorher in die französische Sprache
eingeführt hatte. Erstmals von Addison gebraucht,
steht er für ein Konzept der Ichbezogenheit, das frei ist
von jedem Vorwurf, wie er in »Egoismus« anklingt. Ein
»Egotist« ist ein Mensch, der sehr gerne von sich selbst
spricht, der insgeheim glaubt, er sei der Umgebung, in
der er lebt, überlegen, ohne aber den Machtgelüsten
und dem Hochmut gegenüber anderen zu verfallen, die
den wahren »Egoisten« kennzeichnen.

Die *Souvenirs d'égotisme* wurden 1832 in einem Zuge innerhalb einer Woche in Civitavecchia niedergeschrieben. Sie enthalten Stendhals Reflexionen über seinen eigenen Charakter und sein Leben. Er betont ausdrücklich, er habe bei der Abfassung bewußt auf jeden technischen Kunstgriff verzichtet; doch glücklicherweise gelingt ihm das nicht. Ein Meisterschwimmer verlernt das Schwimmen nicht. Die *Souvenirs d'égotisme* gehören zu den gelungensten Improvisationen Stendhals, bestehend aus scharf gezeichneten Porträts seiner Freunde und Feinde, aus Träumereien über die Wechselfälle des Lebens und schließlich aus einer Erzählung, das heißt aus einem dichten Gewebe superb erzählter Anekdoten.

Psychologisch gesehen sind sie von höchstem Interesse. Durch das, was er sagt, ebenso durch das, was er verschweigt, enthüllt uns Stendhal sein wahres Ich – das eines empfindlichen Menschen, einer leicht verletzbaren Seele, die unter der Umwelt leidet und diese schmerzliche Empfindlichkeit in der Öffentlichkeit mit Zynismus und Prahlerei tarnt – Masken, die er so überzeugend zu tragen wußte, daß selbst seine intimsten Freunde sich stets täuschen ließen.

Stendhals schmerzhafte Empfindlichkeit ging so weit, daß von den schmerzlichsten Krisen seines Lebens in seinem Journal und in seinen autobiographischen Schriften niemals die Rede ist. Von seiner Enttäuschung über Métilde, der bewußtesten seines gesamten Liebeslebens, wissen wir nur aufgrund ganz unbestimmter Anspielungen und durch Berichte anderer Personen. Er selbst schrieb: »In meinen Romanen habe ich niemals von unglücklicher Liebe gesprochen. Das hätte mich zu sehr gepeinigt.«

Noch interessanter ist *Vie de Henri Brulard*, wo er die Geschichte seiner Jugend erzählt. Ein Werk von absoluter Offenheit, getragen von einem inneren poetischen Rhythmus, in welchem der Fünfzigjährige, der er damals war, seine traurige Gegenwart mit der Sorglosigkeit eines Kindes vertauscht, ein Werk, in dem Tatsachen stets als sinnliche Erfahrungen präsentiert werden und in dem die Hingabe an den Traum immer wieder vom Mißtrauen des alternden Mannes durchbrochen wird.

In einer aus Französisch, Italienisch und Englisch gemischten Sprache verfaßt, voller Rätsel und Anagramme (sein Alter gibt er zum Beispiel folgendermaßen an: $5 \times 10 + \sqrt[2]{9}$) erweist sich das Werk, sobald man die einfachen Entzifferungsprobleme gelöst hat, als eines der eindringlichsten und poetischsten des Autors. In ihm gibt es einen barocken Satz, der ihn verrät: »Toute ma vie ho voluto la stessa cosa: to make un chef d'œuvre.« Das Schicksal wollte, daß es drei sein sollten, zwei, die ich nicht zu nennen brauche, und dieses scheue *Vie de Henri Brulard*, das nach seinem Willen ein ewiges Geheimnis bleiben sollte.

Unglücklicherweise lebe ich unter Leuten mit allzu gutem Gedächtnis. Ich muß mich also mit erhobenen Händen aufs Bitten verlegen und betonen, wie unnütz es wäre, mir Vorwürfe zu machen, weil ich vor einem Jahr noch *Le Rouge et le Noir* der *Chartreuse* vorzog.

Es stimmt, daß ich das gesagt habe. Aber es stimmt auch, daß ich meine Meinung geändert habe. Mein unbesiegbarer Hang zur Historiographie hatte mir den Blick verstellt. Als künstlerisches Dokument einer geschichtlichen Epoche ist *Le Rouge et le Noir* wertvoller. Vom lyrischen, künstlerischen, menschlichen Standpunkt aus verdient dagegen die *Chartreuse* den Vorrang.

Sie ist von einem älteren Mann für Ältere geschrieben. Man muß die Vierzig hinter sich haben, um das zu begreifen. Dann sieht man, daß dieser Roman, der frei ist von Illusionen, selbst von künstlerischen, fast frei auch von Adjektiven, – jedoch voller Nostalgie, Ironie, Gemessenheit und Sanftheit, den Gipfel der gesamten Weltliteratur darstellt.

Anmerkungen

S. 21   Giuseppe Gioacchino Belli (1791–1863), schilderte in seinen *Sonetten* (neuere italienische Ausgabe Mailand 1965) im römischen Dialekt das Leben des römischen Volkes (deutsche Ausgabe: *Die Wahrheit packt dich...*, hg. von O. E. Rock, München 1978).

Edmond François Valentin About (1828–1885), Romancier und Journalist, wurde 1884 in die Académie Française gewählt.

Louis François Veuillot (1813–1883), Publizist, Anhänger der Theokratie und Napoleons III., gilt als einer der bedeutendsten Pamphletisten des 19. Jahrhunderts.

Aimable Guillaume Brugière, Baron von Barante (1782–1866), unter Napoleon Präfekt der Vendée und Pair de France unter Louis XVIII., gab nach 1848 die diplomatische Karriere auf und wurde Schriftsteller.

S. 24   Alexandre Dumas, *Der Graf von Monte Christo*, üb. von E. T. Kauer, München 1961.

H. de Balzac, *Vater Goriot*, übers. von R. Schapire, Zürich 1977, S. 368.

S. 25   Der vollständige französische Text, der am 10. April 1840 in Rom niedergeschrieben wurde, ist unter dem Titel *Les privilèges du 10 avril 1840* abgedruckt in *Mélanges intimes et marginalia I*, Paris, Le Divan, 1936, vol. I, S. 197–206.

S. 30 Jean Prévost, *La création chez Stendhal. Essai sur le métier d'écrire et la psychologie de l'écrivain*, Paris, Mercure de France, 1951.

S. 34 Wie Paul Hazard nachgewiesen hat (*Les ciseaux de Stendhal*, Paris, Mélanges Lanson 1922), ist der zweite Brief Stendhals über Metastasio der *Frusta Letteraria* von Giuseppe Baretti entnommen.

S. 36 Zur Entstehung der *Histoire de la Peinture en Italie* vgl. V. del Litto, *La vie intellectuelle de Stendhal. Génèse et évolution de ses idées (1802–1821)*, Paris 1962, S. 429 ff. Stendhal hatte das Werk ursprünglich als eine Übersetzung von Luigi Lanzi, *La storia pittorica dell' Italia* (Florenz 1792) angekündigt. Um seine Dokumentation zu vervollständigen, erwarb er auch noch die 16bändige *Vite dei più eccelenti pittori, scultori e architetti* von Giorgio Vasari in der Ausgabe Mailand 1807–1811.

S. 41 Der italienische Romantiker Ermes Visconti hatte in der Zeitschrift *Il Conciliatore* vom Januar 1819 seinen *Dialogo sulle unità drammatiche di tempo e di luogo* veröffentlicht und damit eine lebhafte Debatte ausgelöst. Stendhal lobt das Werk in einem Brief an Marest vom 8. Februar 1819 und benutzt es in *Racine et Shakespeare* (V. del Litto, a. a. O., S. 661 f.).

S. 42 *Henri III et sa cour* (1829), historisches Drama von Alexandre Dumas; *La Maréchale d'Ancre* (1831), historisches Drama von Alfred de Vigny; *Cromwell* (1827), Versdrama in 5 Akten von Victor Hugo.

S. 55 *Bonjour Tristesse*, Paris 1954, Roman von Françoise Sagan (geb. 1935).

S. 57 Paul-Jean Toulet (1867–1920), Mitarbeiter der Wochenzeitung *La Vie Parisienne*, schrieb unter anderem die aus rhythmisierten Vierzeilern bestehenden *Contrerimes* (1921) und den Roman *Le Mariage de Don Quichotte* (1902).

S. 63 *L'éducation sentimentale. Histoire d'un jeune homme (Lehrjahre des Gefühls. Geschichte eines jungen Man-*

nes), Paris 1869, Roman von Gustave Flaubert (1821–1880). *I Malavoglia (Die Malavoglia)*, Mailand 1881, Roman von Giovanni Verga (1840–1922).

S. 64 *L'Enlèvement de la Redoute*, Novelle von Prosper Mérimée (1829), abgedruckt in *Romans et Nouvelles*, vol. I, Paris, Garnier, 1967, S. 273–280.

S. 65 *Adolphe. Anecdotes trouvées dans les papiers d'un inconnu* (1816), Roman von Benjamin Constant (1767–1830). *Dominique* (1862), Roman von Eugène Fromentin (1820–1867)

S. 83 Silvio Pellico, *Le mie prigioni (Meine Gefängnisse)*, Turin 1832. Pellico (1789–1854) schildert in diesen Aufzeichnungen seine 15jährige Kerkerhaft in österreichischen Gefängnissen, in den Bleikammern des Dogenpalastes von Venedig und auf der Festung Spielberg bei Brünn. Pietro Maroncelli (1795–1846) war mit Pellico auf dem Spielberg inhaftiert und schrieb *Addizioni* zu dessen Buch, die aber Pellico selbst mißfielen.

S. 85 *Les Mystères de Paris (Die Geheimnisse von Paris)*, Roman von Eugène Sue (1804–1857), erschien 1842–43.

S. 95 *La Garçonne. Roman de moeurs*, Paris 1922, Roman von Victor Margueritte, schildert das Leben einer emanzipierten Frau in den Jahren 1914–1918 (*Die Junggesellin, Sittenroman aus dem heutigen Paris*, übers. von H. Liebstreckl, Wien 1924).

Zitierte Texte Stendhals

Correspondance, ed. H. Martineau und V. del Litto, Paris, Bibliothèque de la Pléiade, 1962–1968 (3 Bde)

De l'amour, Chronologie et Préface de Michel Crouzet, Paris, Garnier-Flammarion 1965

L'histoire de la peinture en Italie, Paris, Le Divan 1929

Mémoires d'un touriste, Paris, Le Divan, 1929 (3 Bde)

Racine et Shakespeare, ed. H. Martineau, Paris, Champion, 1925 (2 Bde)

Romans et Nouvelles, ed. H. Martineau, Paris, Bibliothèque de la Pléiade, 1952

(Bd. I: *Armance*, *Le Rouge et le Noir*, *Lucien Leuwen*. Bd. II: *La Chartreuse de Parme*, *Chroniques italiennes*, *Lamiel*, *Le Rose et le Vert*, *Mina de Vanghel*, *Le Coffre et le Revenant*, *Le Philtre*, *Le Chevalier de Saint-Isière* u. a.)

Théâtre, Paris, Le Divan, 1931 (3 Bde)

(daraus: *Les deux hommes*, *Letellier*)

Vie de Henry Brulard, in: *Oeuvres intimes*, ed. H. Martineau und V. del Litto, Paris, Bibliothèque de la Pléiade, 1955

Voyages en Italie, ed. V. del Litto, Paris, Bibliothèque de la Pléiade, 1973

(daraus: *Promenades dans Rome*, *Rome, Naples et Florence*)

Vie de Napoléon, ed M. Wassiltchikov, Paris, Payot 1969

Fast alle von Tomasi di Lampedusa zitierten Texte finden sich in deutschen Übersetzungen in folgender Ausgabe:

Stendhal, *Gesammelte Werke*, hg. v. Franz Blei, München 1921–1924.

10 Bände dieser vierzehnbändigen Ausgabe sind 1981 vom Diogenes Verlag in Zürich als Taschenbuchausgaben nachgedruckt worden:

(*Denkwürdigkeiten über Napoleon, Über die Liebe, Armance, Rot und Schwarz, Eine Geldheirat. Erzählungen, Die Äbtissin von Castro. Erzählungen, Lucien Leuwen, Leben des Henry Brulard, Amiele*)

Rom, Neapel und Florenz, übers. v. K. Scheinfuß, Berlin, Rütten & Loening, 1980

Adieu Tristesse
Französisches Lesebuch
Herausgegeben von Claudia Wenner
371 Seiten. Serie Piper 1090

Dieses Lesebuch versammelt erzählende Prosa von der Mitte des
19. Jahrhunderts bis in die jüngste Gegenwart. Es möchte nicht
nur einen Überblick geben über die französischsprachige
Erzählkunst aus zwei Jahrhunderten, sondern bekannte – Balzac,
Baudelaire, Proust, Sartre – und hierzulande weniger bekannte
Autoren – Segalen, Bove, Bataille, Bonnefoy, Robin, Kristof –
anhand von besonders sprechenden und gut lesbaren
Erzählungen und Romanpassagen vorstellen.
Die Auswahl versteht sich nicht einfach als Sammelsurium
»schöner Stellen«, sie lädt den Leser vielmehr ein, in die
unterschiedlichsten Räume französischer Dichtungsvisionen
einzutreten und sich auf diese Weise auch das Land Frankreich
ein Stück weit zu erschließen.

PIPER

Jean Cocteau

Vollendete Vergangenheit
Band I
Tagebücher 1951–1952

Herausgegeben von Pierre Chanel.
Deutsche Erstveröffentlichung. Aus dem Französischen von Frieda Grafe und Enno
Patalas. Mit einem Vorwort von Joachim Kaiser. 507 Seiten mit 14 Zeichnungen im
Text und 26 Fotos. Leinen

Cocteau, von proteushafter Wandlungsfähigkeit, Katalysator der künstlerisch-
literarischen Moderne, hat in späteren Jahren in umfangreichen Tagebuchnotizen
Bilanz gezogen und Rechenschaft über sich abgelegt. Der vorliegende Band
dokumentiert die Jahre 1951 und 1952, einen Höhepunkt in Cocteaus Schaffen. Die
Großen der französischen Kultur, Gide, Sartre, Mauriac und viele andere, mit denen
Cocteau verkehrte, werden hier für den Leser wieder lebendig.

»... für Deutschland war Jean Cocteau genau das, was er überhaupt nicht sein
möchte. Nämlich der Inbegriff des Französischen, Pariserischen. Also witzig, kokett,
brillant, affektiert, skandalträchtig. Darüber hinaus begabt mit jenem
(kunstgewerblichen) Hang zum Surrealistischen, Romantischen, Phantastischen,
Mythologischen, den man hierzulande den Franzosen gern verzeiht, weil dergleichen
bei ihnen so formvollendet gerate, ganz ohne germanische Schwerfälligkeit.« Diese
Tagebücher offenbaren jedoch noch einen ganz anderen Cocteau. Jemand, der ein
Leben lang mit Kunst zu tun hatte, sie ausübte, reflektierte, meisterte, zieht kritisch
Bilanz. Reflektiert seine Mankos, seine Fluchtversuche, seine Grenzen. Dahinter
steckt ein heiliger Ernst. Dieser Künstler-Ernst wird in Cocteaus Tagebuch-
Aufzeichnungen überwältigend fruchtbar ...«   Joachim Kaiser

PIPER

Emmanuel Robin

Der Angeklagte

Roman. Aus dem Französischen von Wieland Grommes.
Mit einem Nachwort von Alfred Grosser.
212 Seiten. Leinen

Emmanuel Robin ist der seltene Fall eines modernen Autors, der
Literaturgeschichte machte, ohne sich jemals als berufsmäßiger Schriftsteller
zu verstehen. »Der Angeklagte« gehört zu jenen Prosamonolithen, die in
Frankreich die literarische Moderne begründeten.
Die Geschichte des Untergangs eines empfindsamen Jungen in einer Welt, in
der das namenlose Böse herrscht, wurde bei Erscheinen im Jahre 1929 mit
dem Prix de Premier Roman gewürdigt, den die Schriftsteller Maurois,
Giraudoux, Mauriac, Bernanos und Julien Green verliehen.

»Ergreifende Szenen von Demütigung und Schande (...) verleihen
Emmanuel Robin einen ebenbürtigen Rang in der Reihe der herausragenden
Autoren einer geistigen Strömung der *désespoir*, die von Kafka über die
Romanciers des Absurden bis hin zu Handke reicht.« L'Express

»Man versteht, warum Emmanuel Robin sich nach der Veröffentlichung
seines Romans aus der Literaturszene zurückzog. Nachdem er mit seinem
Helden gleichsam auch sich selbst durch ein derart tiefgreifendes geistiges
Exerzitium erlöst hatte, konnte er nicht mehr in eine literarische Karriere
einschwenken wie ein x-beliebiger Schriftsteller. Nach dieser Offenbarung
konnte er nur noch überleben, indem er sein Heil in der Nähe des Schweigens
suchte.« Le Matin

PIPER

Giuseppe Tomasi di Lampedusa

Der Leopard

Roman. Aus dem Italienischen von Charlotte Birnbaum.
198 Seiten. Serie Piper 320
(Auch gebunden lieferbar)

»Der Leopard«, der vielen Kritikern als das bedeutendste epische Werk der italienischen Literatur seit Alessandro Manzonis »Verlobten« gilt, schildert den Niedergang eines sizilianischen Adelsgeschlechts zur Zeit Garibaldis. Held und Fixstern des Buches ist Don Fabrizio, Fürst Salina, dessen Dynastie den Leoparden im Wappen führt, ein Olympier von Statur und Geist, leidenschaftlich und von wissender Melancholie überschattet, skeptisch und zuversichtlich zugleich.
Dieser Abgesang auf eine Gesellschaftsschicht ist zugleich »einer der subtilsten und farbigsten Querschnitte durch Geist, Seele, Energien des modernen Menschen zwischen den Zeiten« (Gustav René Hocke). Mit schöpferischer Sprachgewalt wird aber auch ein Sizilien beschworen, das weit mehr ist als nur Handlungshintergrund: Die Insel erzeugt eigentlich erst das poetische Klima des Romans.

»Die Qualität dieses Buches ist so bedeutend, daß es auf keine zeitliche Bedingung angewiesen ist, um auf uns zu wirken. Freilich, die eigentliche Quelle des Entzückens, mit der es uns erfüllt, ist die unbegrenzte Freiheit und Anmut, mit der alles, jeder Gedanke und jede Stimmung, seinen sprachlichen Ausdruck findet.«

Friedrich Sieburg

Die Sirene

Erzählungen. Mit einem Nachwort von Giorgio Bassani.
Aus dem Italienischen von Charlotte Birnbaum.
190 Seiten. Serie Piper 422

»Jede Seite steht in lebendiger Beziehung zum ›Leoparden‹«, urteilte Giorgio Bassani in seinem Nachwort über die hier vorliegenden vier Erzählungen. Am deutlichsten knüpft »Aufstieg eines Pächters« an Tomasi di Lampedusas Roman an: auf kleiner gewordener Bühne agieren, fünfzig Jahre später, die Nachbarn des »großen Fürsten« Salina und die seines Verwalters.
Voll Ironie und Sinnlichkeit erzählt die Titelgeschichte von einem alten Mann, der als Jüngling die Liebe einer Sirene erfahren hat und deshalb keine andere Frau mehr lieben konnte. »Freude und moralisches Gesetz« führt in die Welt der kleinen Angestellten und der Großstadt, während der Autor in den »Stätten meiner frühen Kindheit« voll Elegie verlorene Kindheitsparadiese heraufbeschwört.

PIPER